주식 부자,
이런 회사에
투자한다

**주식 부자,
이런 회사에 투자한다**

1판 1쇄 발행 | 2023년 9월 11일

지은이 | 정종택
펴낸이 | 이성범
펴낸곳 | 도서출판 타래
교정·교열 | 박진영
표지 디자인 | 김인수
본문 디자인 | 권정숙

주소 | 서울특별시 영등포구 양평로30길 14, 911호(세종앤까뮤스퀘어)
전화 | (02) 2277-9684~5 / 팩스 | (02) 323-9686
전자우편 | taraepub@nate.com
출판등록 | 제2012-000232호

ISBN 978-89-8250-160-9 13320

- 이 책은 저작권법에 의해 한국 내에서 보호를 받는 저작물이므로
  무단 전재와 무단 복제를 금합니다.
- 값은 뒤표지에 있습니다.
- 파본은 구입한 서점에서 교환해 드립니다.

주식 정보의 홍수 속
똑똑한 기업 고르기

주식 부자, 이런 회사에 투자한다

정종택 지음

시장 핑계 NO, 주식은 실적과 위치만 알면 된다
기술적 위치가 좋고 실적이 뛰어난 기업이란?
작지만 확실한 종목 가리기

도서출판 **타래**

머리말

'주식 부자, 이런 회사에 투자합니다'

고위험 투자라고 할 수 있는 주식시장에서 10년 넘게 있으면서 가장 큰 고민 중 하나는 주식은 자산을 증식시켜줄 수 있는 최적의 투자상품이지만 참 쉽지 않다는 것입니다.

'High Risk, High Return'이라고 하지만 'Low Risk, High Return' 투자 모델을 만들기 위해 많은 시간을 쏟았던 것 같습니다. 실적에 기반한 펀더멘탈 분석(PER, PBR, PEG 등)을 통해 객관적인 목표주가를 세웠지만 주가는 실적에 따라 움직이지 않거나 움직이기까지 시간이 오래 걸린다는 단점이 있었습니다. 실적을 배제하고 차트를 분석하고 투자하면 손절이 계속되고 하방으로 많이 열린 위험한 종목에 손대면서 계좌가 쪼그라드는 경험도 했습니다.

결국 기술적 분석(이동평균선, 거래량 등)과 실적 분석을 하면 투자확률을 높일 수 있고 실적이 뛰어나기 때문에 하방 경직성(주가가 단단히 버티는 힘)이

튼튼하고 상방으로 많이 열린 기업들을 발굴해나갈 수 있었습니다. 여기에 시간이라는 가치를 고려할 때 기술적으로 거래량이 실리고 추세를 만들어가는 종목에 진입한다면 투자 시간과 투자확률을 동시에 높일 방법들을 찾아가고 완성도를 높일 수 있습니다.

주식시장에서 100%는 없지만 적자기업, 하향 추세의 기업을 피하는 방법만 알아도 상승할 확률이 높은 기업을 발굴해낼 수 있을 겁니다. 그런 노력을 통해 자신만의 원칙을 만들고 주식으로 자산을 증식시켜나가고 싶은 분들을 위한 첫걸음, 기초 단계의 책으로 투자를 위해 최소한의 몸만들기를 위한 자양분이 될 것입니다.

끝으로 책을 집필하는 동안 물심양면으로 저를 지원해주고 옆에서 독려해준 제 와이프 이소희 님에게 감사를 표하며 이 세상의 빛을 보게 해주고 열과 성을 다해 저를 길러주신 아버지, 어머니께도 잘 키워주심에 감사를 전합니다. 또한, 아들처럼 항상 살뜰히 생각해주시고 응원을 아끼지 않으신 장인어른과 장모님께도 경의를 표하며 감사하다는 말을 전합니다.

업계에서 함께하는 오현진 팀장님과 김현수 대표님께도 감사를 전합니다.

항상 건승하는 투자, 이기는 투자를 하시길 바랍니다. 감사합니다.

CONTENTS

머리말 · 4

PART 1
기본적 분석

Chapter 01 실적을 모르면 절대로 자신 있게 투자할 수 없다 · 13

1. 기본적 분석과 기술적 분석 ·············· 14

Chapter 02 주식시장에 영원한 테마는 있는가? · 16

Chapter 03 실적이란 무엇인가? · 18

1. 손익계산서 ·············· 19
2. 투자하고 싶은 기업의 실적 확인하는 방법
   (분기·반기 사업보고서) ·············· 20

Chapter 04 실적 성장이 중요한 이유 · 24

Chapter 05 실적과 주가 Cycle · 31

Chapter 06 실적 성장하는 기업의 조건 · 33
1. 연평균성장률 ··· 33
2. 중·소형주 ··· 39
3. 업종 내 1등 기업을 찾아라(EPS 성장률) ··································· 41

Chapter 07 재무안정성 지표 세 가지를 꼭 챙겨보자 · 45
1. 유동비율 ·· 46
2. 부채비율 ·· 48
3. 유보율 ··· 49

Chapter 08 주가는 실적 성장이라는 주인을 따라다니는 하수인이다 · 59
1. 반도체·디스플레이 업종 ·· 60
2. 미용·의료기기 업종 ··· 65
3. IT·보안 업종 ··· 72

Chapter 09 주가수익비율(PER) •78

Chapter 10 목표주가=주당순이익(EPS)X주가수익비율 •82

Chapter 11 실전 기업분석(총정리) •84

1. 화신(010690) 기업 개요 ⋯⋯⋯⋯⋯⋯⋯⋯⋯⋯⋯⋯⋯⋯⋯ 85
2. 피엔에이치테크(239890) 기업 개요 ⋯⋯⋯⋯⋯⋯⋯⋯⋯ 88
3. 디오(039840) 기업 개요 ⋯⋯⋯⋯⋯⋯⋯⋯⋯⋯⋯⋯⋯⋯ 92
4. 서진시스템(178320) 기업 개요 ⋯⋯⋯⋯⋯⋯⋯⋯⋯⋯⋯ 98
5. 와이엠텍(273640) 기업 개요 ⋯⋯⋯⋯⋯⋯⋯⋯⋯⋯⋯⋯ 102

기술적 분석

Chapter 01 딱 다섯 가지 '캔들'만 공부하고
주식투자를 시작하자 •109

1. 양봉·음봉 ⋯⋯⋯⋯⋯⋯⋯⋯⋯⋯⋯⋯⋯⋯⋯⋯⋯⋯⋯⋯ 111
2. 십자(도지)형 ⋯⋯⋯⋯⋯⋯⋯⋯⋯⋯⋯⋯⋯⋯⋯⋯⋯⋯ 112
3. 망치형(양봉, 밑꼬리) ⋯⋯⋯⋯⋯⋯⋯⋯⋯⋯⋯⋯⋯⋯⋯ 114
4. 역망치형(음봉, 윗꼬리) ⋯⋯⋯⋯⋯⋯⋯⋯⋯⋯⋯⋯⋯⋯ 116

Chapter 02 거래량은 주가의 선행지표이자 상승 힌트를 알려주는 핵심지표다 • 119

1. 거래량의 특징 ·· 120
2. 거래량이 중요한 이유 ·· 120
3. 주가 상승의 힌트!
   매집봉(=역망치형 캔들, 십자형 캔들)의 조건 ······················· 121

Chapter 03 딱 다섯 가지 '캔들 패턴'만 공부하고 주식투자를 시작하자 • 123

1. 다중 바닥형 ··· 123
2. 이중 바닥형 ··· 124
3. 삼중 바닥형 ··· 126
4. 역헤드앤숄더 ··· 128
5. N자형 ·· 130

Chapter 04 상승 확률이 높은 '상승형 삼각 수렴' 패턴은 곧 돈이다 • 133

Chapter 05 36계 줄행랑, 피해야 할 두 가지 패턴 • 143

1. 다중 천장형 ··· 143
2. 헤드앤숄더 ··· 145

Chapter 06 하나도 버릴 것 없는 '이동평균선' · 148

1. 이동평균선이란? ………………………………………… 148
2. 주요 이동평균선 ………………………………………… 152
3. 이동평균선 수렴은 방향 전환을 의미한다 …………… 154

Chapter 07 주가 생애주기론 · 159

1. 하락 추세(역배열+저항) 상승전환 …………………… 161
2. 상승 추세(정배열+지지) 하락전환 …………………… 165
3. 주가 생애주기론에서 가장 핵심적으로 보아야 하는 위치 …… 183

Chapter 08 기술적 분석과 실적 분석을 결합해 절호의 매수 타이밍 잡기 · 184

1. 윗꼬리 잡아먹는 실적 성장주(역망치형 캔들+거래량) …… 184
2. 역배열과 흑자전환 / 역배열과 역성장(성장 정체기) ……… 196
3. 안전 마진(1~2년 이동평균선 활용법) ………………… 207

PART 1
기본적 분석

Chapter 01

실적을 모르면 절대로 자신 있게 투자할 수 없다

    자랑스러운 대한민국 축구 국가대표 손흥민 선수는 왼발과 오른발 둘 다 능한 양발잡이다. 일명 '손흥민 존'은 골 성공 확률이 매우 높은 지역이다. 그는 이 골 결정력을 높이기 위해 수만 번의 슈팅 연습으로 세계적인 축구선수가 되었다. 양발을 사용하므로 어느 위치에서든 유리한 발로 원하는 곳으로 패스할 수 있다는 것이 핵심이다.

1. 기본적 분석과 기술적 분석

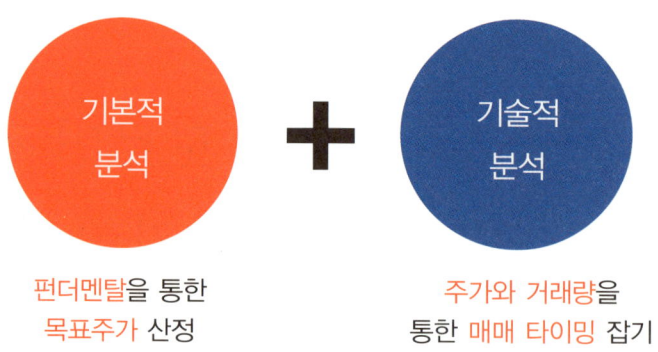

주식시장도 마찬가지다. 위와 같이 실적(펀더멘탈)을 통해 저평가되어 있는지 판단해 목표주가를 정할 수 있어야 한다. EPS 성장률, PER 등의 도구를 통해 가능하며 이를 기본적 분석이라고 한다. 반면, 매수·매도 타이밍을 잡기 위한 테크니컬한 도구가 기술적 분석이다. 주가, 거래량, 이동평균선, 캔들, 패턴 등을 통해 가장 유리한 위치에서 매수·매도 타이밍을 잡는 데 주로 사용하는 도구다.

여기서 핵심은 빠른 슈팅이 나올 수 있는 자리를 미리 선점하기 위해 반드시 알아야 하는 매우 중요한 투자 도구라는 것이다. 결국 변동성이 큰 고위험 투자상품이라고 할 수 있는 '주식'에 투자하면서 어느 한쪽에 치우친 매매로는 좋은 투자성과물을 만들 수 없다는 것이다. 실적에 대한 기본적인 개념과 절호의 매매 타이밍을 잡기 위해 주요 지표를 적절히 조화시켜야만 리스크를 최소화시키며 기대수익률을 높게 잡을 수 있는 훌륭한 기업에 투자할 수 있는 것이다.

주식시장에 100%란 절대로 없다. 절대적 기준도 없다. 이 책은 불필요한 내용은 담지 않았을 뿐만 아니라 가장 기초적인 내용을 통해 여러분만의 투자 스타일과 철학을 만들어가는 데 분명히 도움이 될 것이다.

> **투자 격언**
>
> Q: Your investment strategy is so simple. Why does not everyone just copy you?
>
> 당신의 투자전략은 매우 단순하다. 그런데 왜 모두 당신의 투자법을 따라 하지 않는가?
>
> A: Because nobody wants to get rich slow.
>
> 서서히 부자가 되는 것을 아무도 원치 않기 때문이다.
>
> – 워런 버핏

Chapter 02

주식시장에
영원한 테마는 있는가?

　　주식시장에는 매우 많은 업종(섹터)이 존재한다. 친환경 자동차(2차전지, 수소차, 전기차 등), 반도체·디스플레이, 제약·바이오, 리오프닝(호텔, 항공, 미용·의료기기), 통신·IT, 건설·기계장비 등 명확히 구분할 수는 없지만 비슷한 사업을 영위하는 기업들끼리 묶은 것을 업종이라고 한다. 이런 다양한 업종 중 주식시장에서 영원하다고 말할 수 있는 것이 있을까? 물론 기업이 존속하면서 사업을 영위해 나간다면 당연히 영속적이라고 할 수 있겠지만 상장된 기업이라면 실적보고를 반드시 해야 하므로 주식투자자에 한정해 '영원'하다고 할 수 있는 테마는 바로 '실적'이다.

2차전지   IT/반도체   친환경차(전기차, 수소차)

통신/미디어/5G

주식시장에서
영원한 테마?

메타버스

정치테마주

NFT/가상화폐

바이오·제약

면세/유통/호텔   에너지/화학

    적자 기업, 실적이 역성장하는 기업의 경우, 투자를 지양하고 폭발적인 실적 성장세를 보여주는 기업에 투자해야만 높은 수익률과 안정적인 투자성과물을 만들어갈 수 있다고 필자는 생각한다. 2차전지 섹터의 주가 상승 이유는 실적 성장의 궤와 함께 한다는 것이다. 대규모 투자가 필요해 사업 초기 적자를 면치 못했던 기업이 환골탈태 중인 것이다. 이는 탄소 중립이라는 글로벌 스탠다드하에서 전폭적인 보조금 지원 등으로 전기차 수요가 증가해 완성차 업체들이 EV(Electric Vehicle) 전용 모델을 공격적으로 출시했고 전기차의 핵심인 배터리셀 제조업체부터 양극재, 음극재, 전해액, 분리막, 장비업체까지 주가 상승률이 높은 것은 적자 기업이 흑자 기업으로 미래에도 큰 폭의 실적 성장이 가능하기 때문이다. 앞으로 실적 대비 저평가된 기업을 발굴하는 방법을 지속적으로 기술하겠다.

실적이란 무엇인가?

대학 시절 미시경제학과 회계학 수업이 매우 흥미 있었다. 경제학 강의 내용 중 기업의 목적인 '이윤 극대화'라는 키워드는 아직도 머릿속에서 지워지지 않고 있다. 기업은 재화·서비스를 제공해 매출을 일으키고 직원에게 급여를 나누어주고 주주에게 배당하고 유보금으로 사업확장과 신규 사업에 재투자한다. 기업의 이런 실적 데이터는 재무제표 중 손익계산서에서 확인할 수 있다.

손익계산서 맨 위에는 재화·서비스를 제공해 기업이 벌어들인 매출액이 있고 인건비, 원재료비, 판매관리비 등 매출액 관련 원가를 차감하면 영업이익이 나온다. 영업이익의 핵심은 기업이 본업으로 순마진을 얼마나 남겼느냐다. 기업 실적을 평가할 때 당연히 매출액도 중요하지만 필자는 영업이익을 훨씬 더 중요하게 본다. 더 부연 설명하면 매출액이 성장하지 못하더라도 영업이익이 계속 성장한다면 투자가치가 높은 기업으로 보는 것이다.

1. 손익계산서

지금부터는 사례를 통해 설명하겠다. 아래 예시에서 노트북 제조업체가 노트북을 100만 원에 팔았다면 매출액으로 100만 원이 잡힌다. 그리고 직원 인건비(50만 원), 노트북을 만드는 데 든 원재료 구매비(25만 원) 등은 회사의 본업과 관련된 비용이므로 원가로 차감시키면 회사의 본업으로 순수하게 벌어들인 영업이익으로 25만 원이 남는다. 그리고 회사의 본업과 무관한 영업 외 수익과 영업 외 비용을 각각 가감하면 최종 순이익이 나온다.

필자는 순이익보다 영업이익 성장 추이를 더 중시한다고 기술했으며 본업 외 타사 보유지분을 매각해 얻은 영업 외 수익이 포함된 순이익은 높게 평가하지 않는다. 반대로 회사 보유 지분 가치가 떨어져 지분법평가손실로 인해 순이익이 (-)로 잡혀도 별로 우려하지 않는다. 회계적인 이벤트일 뿐 회사가 돈을 벌지 못해 순이익이 (-)로 잡힌 것이 아니기 때문이다. 역시 가장 중요한 기준은 영업이익이고 회사가 본업으로 돈을 잘 벌면서 성장하고 있느냐가 실적에서 가장 핵심이다.

2. 투자하고 싶은 기업의 실적 확인하는 방법
(분기·반기 사업보고서)

[손익계산서]	[예시: 노트북 제조업체 실적]
매출액	판매가 +1,000,000원
영업수익/비용 (매출원가+인건비+판관비 등)	인건비 −500,000원 원재료비 −250,000원
영업이익	영업이익 +250,000원
영업 외 수익/비용	법인세 −50,000원 지분평가이익 +50,000원
당기순이익	순이익 +250,000원

　코스피·코스닥 상장사라면 당연히 정기보고서를 제출해야 하고 정기보고서 내 손익계산서에서 실적을 확인할 수 있다.

　정기보고서는 위와 같이 분기·반기 사업보고서이며 분기·반기보고서는 해당 기간이 경과하면 45일 안에 제출하면 되지만 연간보고서인 사업보고서는 1년치에 해당하는 방대한 데이터를 작성해야 하므로 90일 안에 제출하면 되고 분기·반기 보고서보다 제출기한이 두 배 더 긴 것이 특징이다.

　제출 마감일이 휴일이면 다음 영업일까지 제출하면 된다. 정기보고서는 전자공시 시스템(DART)에서 확인할 수 있다. 이용하는 증권사에 접속하면 기업분석 화면에서 분기·연간 기준으로 실적을 편리하게 확인할 수 있다. '내 자산은

내가 지킨다'라는 일념으로 투자하고 싶은 기업이 있다면 실적이 성장 중인지, 적자를 축소하면서 흑자로 전환할 수 있는지 반드시 꼼꼼히 확인해야 한다.

분기 · 반기 사업보고서

구분	기간	공시 기한	
1분기	1~3월	5월 15일	분기 후 45일 이내
2분기	4~6월	8월 15일	분기 후 45일 이내
3분기	7~9월	11월 15일	분기 후 45일 이내
4분기	10~12월	3월 30일	분기 후 90일 이내

전자공시시스템 다트(http://dart.fss.or.kr)

1. 경창산업

경창산업 분기 실적

(억 원)

IFRS(연결)	2021/12	2022/03	2022/06	2022/09	2022/12
				Net Quarter	
매출액	1,497	1,460	1,507	1,530	1,659
영업이익	-13	53	39	58	42
영업이익(발표기준)	-13	53	39	58	42
당기순이익	-76	30	100	49	13

경창산업(024910) 연간 실적

(억 원)

IFRS(연결)	2018/12	2019/12	2020/12	2021/12	2022/12
				Annual	
매출액	5,965	5,313	4,864	5,637	6,156
영업이익	165	-152	139	153	192
영업이익(발표기준)	165	-152	139	153	192
당기순이익	-266	-765	46	36	193

2019년 적자였던 기업이 2020년 흑자로 전환했고 2021~2022년 매출액과 영업이익이 꾸준히 성장한 것을 확인할 수 있다. 2022년에는 순이익까지 회복되는 모습이므로 향후 주가 흐름이 더더욱 기대되는 기업이다.

2022년 분기 실적을 보면 1분기에서 4분기로 갈수록 매출액이 커지고 평균 영업이익이 45~50억 원 수준의 기업으로 변모하고 있는 것을 확인할 수 있다. 분기별로 미시적(마이크로)으로 실적을 확인해나가는 것도 매우 중요하다.

◆ **경창산업**

동사는 1961년 10월 1일 경창공업사로 설립되어 1994년 12월 29일 유가증권시장에 상장되었음. 주요 품목은 자동차부품 중 자동변속기 부품(HUB, DRUM 등), 레버, 페달, 케이블, DCT 기어 액추에이터이며 2020년 9월부터 전기차용 구동 모터를 제조하고 있음. 주요 고객으로는 현대자동차, 기아, 현대트랜시스, 폭스바겐, 보그워너, 스텔란티스 등이 있음(출처: 에프앤가이드).

하지만 실적이 좋다고 주가가 반드시 오르는 것은 아니라는 점도 주식투자를 하기 전에 반드시 명심해야 한다. 실적은 좋은데 주가가 하락하는 이유를 찾아보면 미래 실적 성장 부분이 주가에 이미 반영되어 있거나 향후 발생 가능한 악재 때문이다. 그러므로 서두에서도 말했듯이 실적 분석과 기술적 분석을 함께 할 수 있어야만 시장수익률을 상회하거나 투자에 들어가는 시간 기회비용을 아낄 수 있다. 이 책에서는 기초적이지만 반드시 알아두어야 하는 내용을 계속 기술할 것이다.

실적 성장이 중요한 이유

필자는 실적이 성장하는 기업에만 투자해야 한다고 주장한다. 실적의 절대적 규모가 중요한 것이 아니라 실적이 다년간 계속 성장할 수 있느냐가 기업에 투자할 때 최우선 고려해야 할 핵심 중 핵심이다.

실적↑ = 주가↑
[수익]

개인투자자들이 가진 가장 잘못된 편견 중 하나는 '대형주(Large Cap)는 안전하고 중·소형주(Midsmall Cap)는 위험하다'라는 것이다. 대형주와 실적이 성장하는 중·소형주의 실제 주가 흐름 사례를 비교해보자.

1. 삼성전자

삼성전자(005930) 일봉 차트(2020년 11월 ~ 2023년 4월)

한눈에 봐도 코로나로 인한 사회적 거리두기 때문에 집 밖에 나갈 수 없었던 상황을 고려하면 홈인테리어, 원격수업 · 재택근무 등 반도체 관련 수요가 급증했다. 그로 인해 '반도체 슈퍼사이클' 호황기를 누리며 2020년 11월 사상 최고가인 96,800원까지 상승했지만 경기침체 우려와 반도체 수요 둔화로 D-RAM 가격이 하락하고 수익성이 악화되면서 2023년 1분기 결국 대규모 적자를 기록했다. 2023년 2분기까지도 좋지 않을 것으로 예상되지만 2023년 하반기부터 바닥을 치고 올라가고 새로운 AI 관련 부분들도 부각되면서 주가가 살아나는 상황이다.

2. 레이크머티리얼즈

레이크머티리얼즈(281740) 일봉 차트(2020년 11월 ~ 2023년 4월)

같은 기간 레이크머티리얼즈와 삼성전자의 주가 흐름을 보면 레이크머티리얼즈는 차트상 최저가격인 2,205원 대비 주가가 18,150원까지 상승했다. 저점 대비 최고가격 기준으로 무려 +723%나 상승한 것이다. 그 비결은 무엇이었을까?

삼성전자 연간 실적

(억 원)

구분	2018/12	2019/12	2020/12	2021/12	2022/12	2023/12(E)
매출액	2,437,714	2,304,009	2,368,070	2,796,048	3,022,314	2,708,155
영업이익	588,867	277,685	359,939	516,339	433,766	116,039

삼성전자는 반도체사업부, 시스템반도체사업부, 가전사업부, 삼성디스플레이 등으로 구성되어 있지만 최전선에 있는 캐시카우도 반도체 관련 사업부다. 전반적으로 삼성전자 주가가 크게 오를 수 없는 단기적 저해 요인을 찾아보면 가장 두드러진 것은 2023년 예상 연간 컨센서스가 매출액과 영업이익이 큰 폭으로 역성장한다는 것이고 2022년 영업이익은 2021년 대비 이미 역성장을 기록했다.

업황도 우호적이지 않다. 2022년 한 해 동안 급격한 금리 인상으로 가처분 소득이 줄면서(임금인상률보다 이자 비용이 높아지면서 실질소득 감소) 소비가 위축되어 스마트폰, 태블릿 PC, 가전제품에 대한 구매력이 하락할 수밖에 없고 이는 삼성전자 매출에 직격탄이 될 수밖에 없다. 경제 논리로 설명하면 공급은 계속 증가하는 반면, 수요는 줄어 수요공급 논리에 의해 D-RAM 가격이 하락할 수밖에 없어 삼성전자는 결국 적자를 기록하는 상황까지 오게 된 것이다.

물론 주식의 속성상 주가가 계속 하락하진 않는다. 업황 분위기가 개선되고 삼성전자의 실적이 턴어라운드되는 국면에서 주가는 실적에 수렴할 것이고 결국 우상향할 것이다. 지금부터는 반도체 섹터에서 특수가스 공급으로 이윤을 창출하는 레이크머티리얼즈의 연간 실적을 알아보자.

레이크머티리얼즈 연간 실적

(억 원)

구분	2018/12	2019/12	2020/12	2021/12	2022/12
매출액	353	349	465	819	1,315
영업이익	36	26	47	207	354

2020년 매출액과 영업이익이 눈에 확실히 들어온다. 2020년 삼성전자 매출액은 237조 원이고 레이크머티리얼즈 매출액은 465억 원으로 삼성전자의 1.96%밖에 안 된다. 실적 성장률의 중요성을 강조하기 위해 극단적으로 비교한 부분도 있지만 레이크머티리얼즈는 2021년 영업이익이 207억 원으로 전년 동기 대비 +340% 성장한 반면, 삼성전자는 43% 성장했다. 2022년 영업이익을 비교하면 레이크머티리얼즈는 연간 354억 원을 기록해 전년 동기 대비 71% 성장한 반면, 삼성전자는 -16% 역성장했다. 2023년 컨센서스까지 비교하면 레이크머티리얼즈는 +22.3% 성장할 것으로 추정되지만 삼성전자는 -274% 역성장할 것으로 보인다.

◆ 레이크머티리얼즈

동사는 국내 유일의 TMA 제조 가능 업체임. 유기금속화합물 설계 및 TMA 제조기술을 기반으로 LED, 반도체, 디스플레이, Solar 소재 및 석유화학 촉매로 이어지는 사업 포트폴리오를 구축하고 있음(출처: 에프앤가이드).

결국 절대적인 실적 규모는 주식투자를 할 때만큼은 중요하지 않다. 특히 대형주의 실적 규모가 크면 좋은 기업이라고 생각할 수 있지만 실적 성장면에서 보면 매력적인 기업이 될 수 없다. 시장점유율이 이미 높은 기업이므로 기술적 초격차를 이루지 못하는 한 큰 폭의 실적 성장을 할 수 없다는 물리적 한

계가 있다. 하지만 중·소형주의 경우, 실적 성장률이 높은 매력적인 기업들이 많고 실적이 계속 성장하는 기업의 경우, 결국 높은 목표수익률과 기대수익률을 가질 수 있다는 것을 반드시 숙지해야 한다. 다음 기업도 참고해보자.

3. 에스앤에스텍

에스앤에스텍(101490) 일봉 차트(2022년 5월 ~ 2023년 4월)

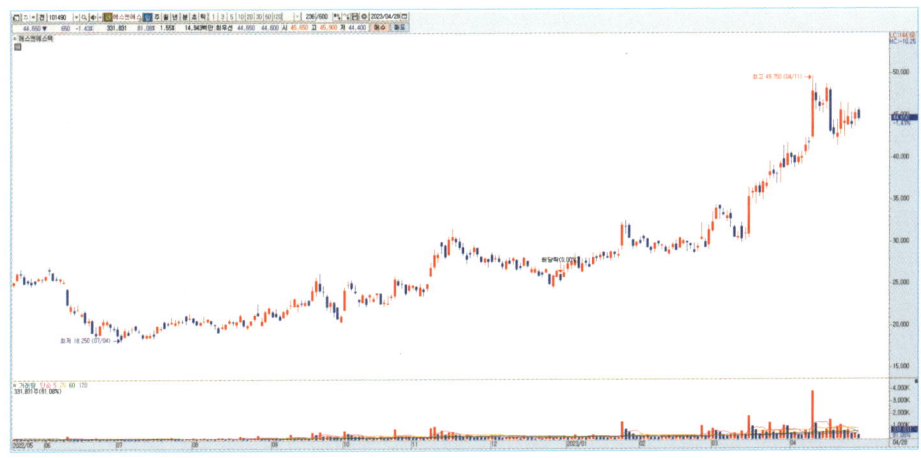

같은 기간 국내 증시는 고점 대비 많이 내려온 상태임에도 실적이 계속 성장하는 기업의 경우, 지수와 달리 계속 우상향하는 기업들도 분명히 있고 이런 기업에 투자하는 안목을 높여야 변동성이 큰 시장에서도 주식으로 자산을 증식시켜 나갈 수 있다.

에스앤에스텍 연간 실적

(억 원)

구분	2018/12	2019/12	2020/12	2021/12	2022/12	2023/12(E)	2024/12(E)
매출액	610	845	874	988	1,235	1,580	2,500
영업이익	52	111	110	126	160	360	900

매출액 규모는 결코 중요하지 않다는 것을 다시 한번 강조한다. 에스앤에스텍의 실적 추이를 보면 2022년 매출액은 2018년 대비 두 배 이상 성장했고 영업이익은 세 배 이상 성장하는 모습을 보였다. 2023년 영업이익은 두 배 이상 성장이 예상되며 2024년에는 또다시 세 배 가까운 실적 성장이 예상된다.

'주가는 실적 규모가 아니라 실적이 성장하는 크기에 비례한다.'

 성장하는 기업 알고 가기

◆ 에스앤에스텍

동사는 반도체 및 TFT LCD 생산에 쓰이는 노광 공정의 핵심 재료인 포토마스크의 원재료로 패턴이 노광되기 전 마스크인 블랭크 마스크 제조·판매를 영위하고 있음. System LSI, LCD, OLED 등 국내 고부가가치 확대와 중국 패널업체 전방산업 투자 확대에 대응해 제품·고객 확대를 위해 노력 중임. 블랭크 마스크 상품이 전체 매출의 약 98%를 차지하며 중국 패널업체의 수요 확대를 위해 신규 공장을 증설함(출처: 에프앤가이드).

실적과 주가 Cycle

다음 도표에서는 네 가지를 중요하게 보아야 한다.

- 주황색 화살표
1. 실적이 성장하는 기업은 주가도 올라간다.
2. 실적에 부합하는 주가를 적정 주가라고 한다.

- 꺾은 선 그래프와 주황색 화살표 비교
3. 적정 주가보다 현재 주가가 아래에 있으면 저평가라고 한다(매수 관점).
4. 적정 주가보다 현재 주가가 위에 있으면 고평가라고 한다(매도 관점).

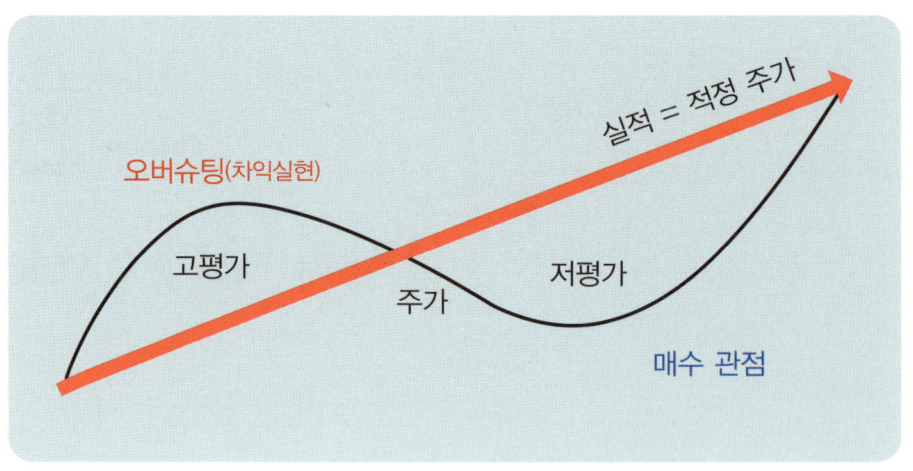

　투자할 기업을 선정하는 과정에서 첫 번째 핵심적 내용은 실적이 성장하느냐다. 그래야만 현재 주가보다 상승할 자격이 있다고 보는 것이다. 연간 실적이나 분기 실적이 될 수도 있다. 분기 실적의 1년치(1~4분기) 합은 곧 연간 실적이므로 분기 실적이 계속 성장하는 기업은 앞으로도 실적이 성장하는 좋은 모습을 보여줄 것이다. 실적이 성장하는 기업을 발굴하는 방법은 연평균 성장률(CAGR)을 확인하는 것이다. 매출액, 영업이익, 순이익이 매년 꾸준히 성장하는 기업의 포지셔닝이 잘되어 있고 앞으로도 실적이 꾸준히 성장할 수 있는 기업이 될 확률이 높다.

실적 성장하는 기업의 조건

1. 연평균성장률

앞에서도 살펴보았듯이 실적이 꾸준히 성장하는 기업의 주가는 큰 흐름에서 볼 때 우상향하는 모습이라는 것을 확인했다. 그렇다면 필자가 생각하는 실적에 대한 최소한 성장하는 기준과 조건은 무엇일까? 손익계산서에 있는 매출액, 영업이익, 순이익의 연평균 성장률(CAGR)이 3년 동안 각각 15%, 10%, 5%씩 꾸준히 성장하는 기업을 말한다. 추가적으로 일회성으로 전년 동기 대비 실적이 성장한 기업은 해당하지 않으며 실적이 꾸준히 성장하는 기업이어야 한다는 것이다.

매출액 15%
영업이익 10%
순이익 5%
(최근 3년 연속 성장하는 기업)

4. 칩스앤미디어

칩스앤미디어(094360) 연간 실적

(억 원)

구분	2018/12	2019/12	2020/12	2021/12	2022/12
매출액	141	161	154	200	241
영업이익	20	36	24	52	73
영업이익(발표기준)	20	36	24	52	73
당기순이익	26	45	19	63	100

연간 매출액과 영업이익을 보면 차량용 반도체 생산부족으로 인한 일회성 악재가 있었던 2020년을 제외하면 매출액과 영업이익이 계속 성장하는 모습을 보여주고 있다. 실적의 절대적 규모가 아닌 실적의 성장폭이 중요하다고 앞에서도 말했듯이 칩스앤미디어의 2018~2022년 매출액의 연평균 성장률(CAGR)은 14%, 영업이익은 38%, 순이익은 57%씩 꾸준히 성장한 것을 확인할 수 있다.

하지만 여기서 중요하게 보아야 할 것은 매출액이다. 매출액의 연평균 성장률은 필자가 조건으로 내세웠던 15%를 충족시키지 못한다. 그렇다고 동사에 투자하지 말아야 할 것인가에 대한 판단이 필요하다. 최근 3년(2020~2022년)으로 조건을 변경하면 결과는 전혀 다르다. 매출액의 연평균 성장률은 25%,

영업이익은 75%, 순이익은 129%로 최근 3년간 실적 성장이 훨씬 더 폭발적으로 이루어졌음을 확인할 수 있다.

◆ 칩스앤미디어

동사는 2003년 설립되어 소프트웨어 개발업으로 시스템 반도체 설계자산(IP) 개발 및 판매를 사업목적으로 함. 반도체 칩 제조사에 비디오 IP를 라이선스하고 반도체 칩 회사는 동사의 비디오 기술 및 자체 기술을 활용해 스마트폰이나 디지털 TV 등에 들어가는 반도체 칩을 설계·개발·제조해 납품함(출처: 에프앤가이드).

칩스앤미디어 주봉 차트(2017년 8월 ~ 2023년 5월)

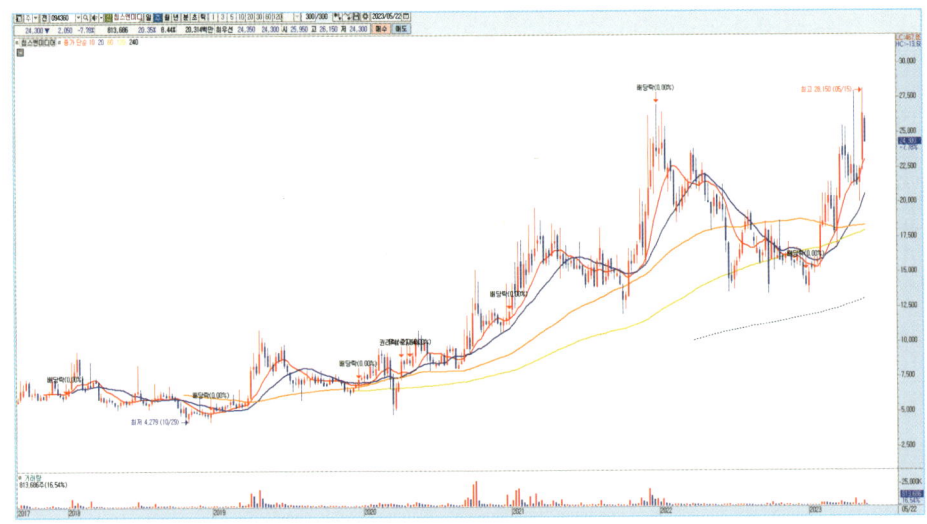

 실적이 계속 성장하는 기업이므로 주가는 2018년 당시 최저가인 4,279원에서 2023년 5월 최고가인 28,150원까지 무려 +559% 상승했다. 2023년 상반기까지 반도체 업황이 부진해 주가 흐름이 좋지 못했지만 동사 주가는 오히려 계속 우상향 추세를 만들면서 시장 대비 매우 뛰어난 주가 흐름을 보여주었음을 확인할 수 있다.

5. 덴티움

덴티움(145720) 연간 실적

(억 원)

구분	2018/12	2019/12	2020/12	2021/12	2022/12
매출액	1,863	2,526	2,297	2,915	3,559
영업이익	420	447	396	699	1,257
영업이익(발표기준)	420	447	396	699	1,257
당기순이익	343	137	222	555	861

동사의 2018~2022년 5년간 연평균 성장률은 매출액 18%, 영업이익 32%, 순이익 26%로 꾸준히 성장해왔다. 이 기간 영업이익은 2020년에 한 번 역성장했고 순이익은 2019년에 한 번 역성장했을 뿐이다. 전체적으로 모든 실적 데이터가 꾸준히 우상향하는 기업이다.

 성장하는 기업 알고 가기

◆ 덴티움

동사는 2000년 6월 7일 설립되었으며 주요 사업목적은 의료용구 제조·판매업, 의료장비 제조·판매업임. 설립 때부터 현재에 이르기까지 다년간의 임상데이터 축적과 연구·개발을 통해 국내 시장점유율 2위, 글로벌 시장점유율 6위를 기록 중임. 임플란트와 함께 디지털 장비 등을 토털 솔루션 개념으로 제공하기 위해 디지털을 이용한 CBCT, CAD·CAM 등의 디지털 제품을 자체 기술로 개발해 판매 중임(출처: 에프앤가이드).

덴티움 주봉 차트(2017년 8월 ~ 2023년 5월)

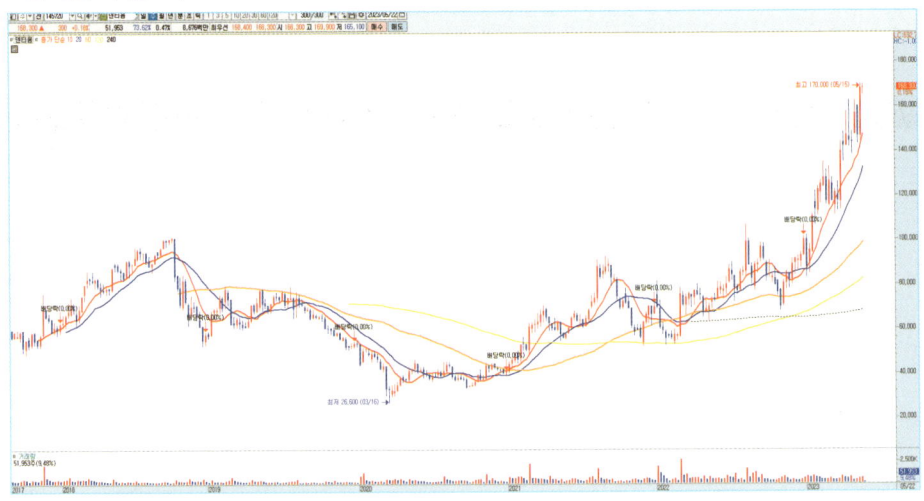

　주가 흐름을 살펴보면 코로나가 창궐하던 2020년 3월 중순 26,600원 바닥을 만든 이후 고점을 계속 경신해나가는 모습이다. 5월 15일 당시 최고가와 최저가를 비교하면 무려 539% 상승했다. 이처럼 실적 흐름을 제대로 알지 못하면 좋은 주식을 일찍 팔아치우는 우를 범한다.

　앞에서 사례로 들었던 칩스앤미디어는 GPT, 반도체 IP(칩 설계), 차량용 반도체 수요 증가 등 미래 성장성이 유망한 업종이며 덴티움도 고령화 시대를 맞아 임플란트 수요가 계속 증가할 수밖에 없는 구조적 성장 업종이다. 이처럼 실적이 계속 성장하는 기업은 장기적 관점에서 실적이 꾸준히 나온다는 전제하에 계속 추적(트래킹)하며 챙겨보아야 한다.

2. 중·소형주

이 조건은 절대적인 것은 아니지만 수십 년 동안 다양한 기업을 분석한 결과, 실적이 고성장할 수 있는 기업은 보통 대형주가 아닌 중·소형주에 많다는 것이다. 주식투자에서 가장 잘못된 오류 중 하나는 대형주는 안전하고 중·소형주는 위험하다는 인식이다. 대형주는 시가총액이 크므로 주가 움직임이 크지 않을 뿐만 아니라 그 이유를 실적과 비교하면 실적 성장폭이 그만큼 크지 않다는 뜻이기도 하다.

삼성전자를 예로 들면, D-RAM과 낸드 플래시 시장에서 점유율(Market Share)이 이미 꽤 높은 편이고 상위 3개사가 독과점인 구조다. 이는 반대로 삼성전자가 압도적 기술력의 초격차를 보이거나 경쟁업체를 인수하지 않는 한 높은 시장점유율을 차지할 수 없다는 뜻이다.

물론 글로벌적으로 메모리 반도체·파운드리·스마트폰·가전 등 다양한 분야에서 뛰어난 실적을 보여주고 있지만 반도체 업황이 부진하면서 주가 흐름도 좋지 못한 것은 메모리 반도체 수요와 가격에 의해 주가가 움직이고 있다는 것이지 실적 성장이 모멘텀이 되면서 주가가 계속 우상향하는 모습은 아니라는 것이다. 결국 반도체 Cycle에 의한 투자를 해야 하는 기업으로 볼 수 있다.

코로나 이후 주식시장은 금리 인상과 경기침체 등 대내·외 다양한 악재들로 주식투자를 하기 어려운 환경이지만 그 와중에도 현재 52주 신고가를 경신하는 훌륭한 중·소형주도 분명히 많다는 것을 알아야 한다.

2020년 최저점과 2021년 초까지 대형주와 중·소형주의 저점 대비 고가를 비교한 데이터로 대형주 대비 중·소형주의 상승폭이 무려 34% 높았다. 슈퍼개미도 성장하는 중·소형주 투자를 선호한다.

코로나 최저점 이후 2021년 최고가 지수 비교

대형주 +129%

중·소형주 +173%

중·소형주 수익률이 대형주보다

44% 초과 수익

- 박영옥(주식 농부): 기업의 성장 주기에 투자하라
- 김봉수(전 교수): 지속 가능한 산업! 그중 1위 기업에 투자하라
- 손명완: 실적 대비 저평가된 1~2천 원 저가주·동전주에 장기투자하라

현재 기업 주가가 적정 가치보다 낮고 업종 내에서 과거부터 꾸준히 실적 성장을 해오는 중이고 앞으로도 계속 성장할 수 있는 자체 핵심기술을 보유한 기업을 선택하는 것이 주식투자에서 가장 중요하다.

**과거에도 미래에도
성장하고 성장하는**

경쟁력있는

'중·소형주'

3. 업종 내 1등 기업을 찾아라 (EPS 성장률)

드라마·영화에서 꼴찌였던 팀이 피나는 노력으로 1등에 오르는 스토리는 시청자와 관객에게 큰 희열감을 안겨준다. 그만큼 극적 상황을 연출해 카타르시스를 느끼게 하는 것이다. 하지만 주식시장에서 3~5위 점유율의 기업이 업종 내 1등 기업이 되는 기적을 발휘할 확률은 매우 희박하다.

1등 기업은 지속적인 R&D 투자로 독보적 기술력을 보유함으로써 후발 주자가 진입하기 어려운 진입장벽을 갖추고 있거나 원재료를 대량 매입해 저렴한 구입(규모의 경제)이 가능해 가격경쟁력이 높고 마진 규모도 커 선순환적으로 1위 지위를 공고히 계속 지킬 수 있는 것이다. 시장에서 1등 기업을 가장 빠르게 찾는 지표인 EPS 증가율을 설명하겠다.

EPS(Earning Per Share: 주당순이익)
EPS는 순이익을 주식 수로 나눈 개념으로 한 주당 기업이 이윤을 얼마나 남겼는지를 나타내는 투자지표다. 순이익이 클수록 EPS가 커지며 반대로 주식 수가 많아지면 분모가 커지므로 EPS가 낮아진다는 정도만 알고 있으면 된다.

$$\text{EPS (주당순이익)} = \frac{\text{당기순이익}}{\text{발행 주식 수}}$$

그리고 키움증권 〉 기업분석[0919]에 들어가보면 편리하게 모두 볼 수 있도록 계산된 수치가 나와 있으므로 별도로 계산하지 않아도 된다.

1년간 순이익이 100억 원인 회사가 있고 주식 수가 100만 주라면 주당순이익은 10,000원이 된다.

클래시스(214150) 2018~2022년 주당순이익

부채비율		48.26	29.28	11.13	32.14	44.37
유보율		723.63	1,265.92	1,812.51	2,430.17	3,527.47
영업이익률		36.81	51.41	53.11	51.41	48.57
지배주주순이익률		31.30	41.16	49.91	43.54	53.16
ROA		21.41	35.28	30.39	24.76	27.52
ROE		34.51	48.06	36.06	30.47	38.33
EPS	**(원)**	**240**	**534**	**590**	**677**	**1,164**
BPS	(원)	824	1,366	1,913	2,530	3,627
DPS	(원)	14	46	60	66	116
PER		17.03	26.49	26.11	27.77	15.81
PBR		4.96	10.36	8.05	7.43	5.07
발행주식수		61,973	64,364	64,709	64,717	64,777
배당수익률		0.34	0.33	0.39	0.35	0.63

EPS 성장률

특정 시점의 EPS(주당순이익)가 아니라 EPS 증가율이 1등인 기업을 발굴하는 방법이므로 다음과 같이 3년간 EPS를 기록한 기업의 연평균 EPS 증가율을 계산해보자.

- 2020년 연간 EPS 100억 원 / 2021년 연간 EPS 200억 원 / 2022년 연간 EPS 300억 원
- 전년 동기 대비 EPS 성장률은 2021년 100%, 2022년 50%

- 2020~2022년 연평균 EPS 성장률은 75%

    필자는 1등 기업을 발굴하는 가장 쉬운 방법은 EPS 성장률 지표에 있다고 본다. 3년 연속 EPS 증가율이 20% 근처인 기업을 찾아내는 것으로 주식 수에 변동이 없다면 순이익증가율과 같은 개념이다.

$$\text{EPS 성장률} = 20\%$$
(최근 3년 연속 성장하는 기업)

    위에서 클래시스의 5년간 EPS 성장률은 48%로 필자가 생각하는 수치의 두 배가 넘은 연평균 EPS 성장률을 보여주고 있다. 추가적으로 매출액, 영업이익, 순이익의 연평균 성장률도 각각 31%, 41%, 50%로 필자의 실적 성장 조건을 상회한다.

(억 원)

구분	2018	2019	2020	2021	2022	CAGR
매출액	475	811	765	1,006	1,418	31%
영업이익	175	417	406	517	689	41%
당기순이익	149	334	382	438	754	50%
영업이익률	37%	51%	53%	51%	49%	7%

6. 클래시스

클래시스 주봉 차트(2017년 8월 ~ 2023년 5월)

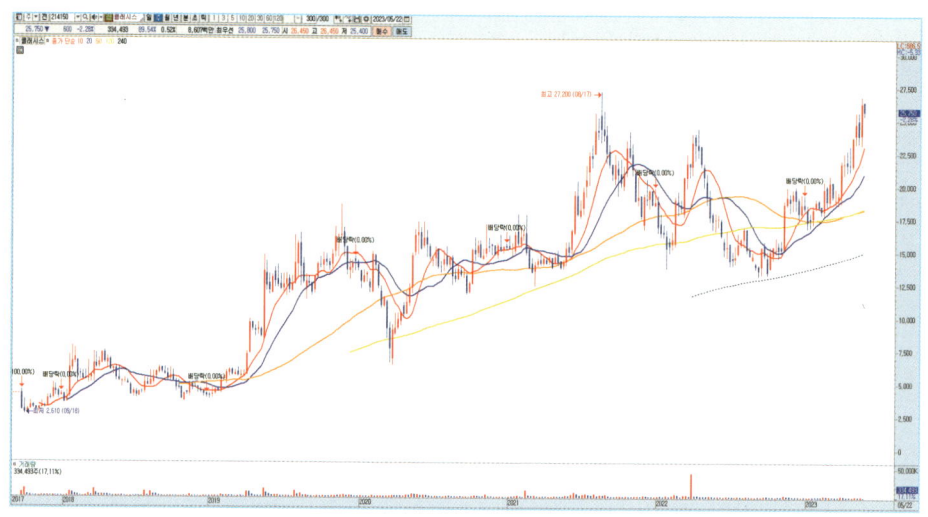

동사 주가는 2017년 2,610원에서 2021년 8월 17일 고가인 27,200원까지 상승했고 상승률은 무려 942%를 기록했다. EPS가 꾸준히 성장하는 기업은 주가도 계속 우상향하며 주가는 실적 성장이 결정한다는 것을 보여준다.

재무안정성 지표
세 가지를 꼭 챙겨보자

2021년 1월 이후 2023년 5월까지 미국 FOMC는 금리를 10회 연속 인상했다. 각국 중앙은행의 최우선 목표는 물가안정이므로 Fed는 물가안정 기준치인 2%로 인플레이션(물가상승률)을 관리하기 위해 앞으로도 추가적인 금리 인상 가능성이 있으며 고금리 기조를 이어갈 것이다. 인플레이션이 2% 아래에서 잡히면 소비자물가지수, 고용지표 등 다양한 지표를 통해 금리동결이나 인하를 할 것이며 이는 향후 인플레이션과 경제 상황을 고려하면서 판단해나갈 것이다.

인플레이션이 발생한 이유는 2008년 금융위기, 2020년 코로나 등으로 인해 경기 부양을 위해 정부 지출 규모가 커질 수밖에 없었고 시장에 화폐(돈)가 많이 풀리면서 유동성이 매우 풍부해졌다. 수요와 공급 논리에 의해 화폐가 많아지면 화폐가치가 낮아지고 상대적으로 물건 가치가 높아지면서 인플레이션 (물가상승)이 발생한다.

일부 기업의 경우, 운반비, 원재료 가격 상승 등으로 수익성이 악화되었고 자금조달을 위해 금융기관으로부터 차입하면 이자 비용을 지불해야 하는데 금리가 높아짐에 따라 이자 비용까지 늘어 회사 수익성 악화에 영향을 미칠 수밖에 없다. 그래서 투자 기업의 재무안정성과 회사의 재무건전성을 확인하는 세 가지 지표를 설명하겠다.

1. 유동비율

[유동비율 %]

$$\frac{유동자산}{유동부채} \times 100$$

유동비율은 유동자산을 유동부채로 나누고 곱하기 100을 하면 된다. 자산은 현금을 포함해 회사가 보유한 재고자산, 건물, 차량 운반구 등이며 부채는 쉽게 말해 빌린 돈이라고 생각하면 된다. 중요한 것은 유동의 개념을 아는 것이다. 회계적으로 유동은 1년 이내를 뜻하며 반대 개념은 비유동으로 1년 이상 기간을 뜻한다. 유동자산은 1년 안에 현금화할 수 있는 자산이며 유동부채는 1년 안에 도래하는 부채를 말한다. 1년 안에 도래하는 부채를 갚을 수 있는 능력을 유동비율이라고 한다.

(억 원)

구분	제3기 1분기 말	제2기 말
자산		
유동자산	401,905,227,375	438,576,236890
현금 및 현금성 자산	134,853,572,399	168,689,083,947
매출채권(주 17)	116,051,855,577	125,948,326,573
기타채권(주 17)	17,968,471,071	18,382,458,782
기타금융자산(주 4)	2,174,385,468	2,135,742,574
재고자산(주 6)	108,281,839,262	103,818,677,171
기타유동자산	22,575,103,598	19,601,947,843
비유동자산	435,805983041	391,370,300,267
자산총계	837,711,210,416	829,946,537,157

재무상태표 - 자산(유동자산+비유동자산)

재무상태표 - 부채(유동부채+비유동부채)

(억 원)

부채		
유동부채	146,459,398,318	173,146,367,164
매입채무(주 17)	45,687,815,527	74,770,799,113
기타채무(주 17)	31,111,115,799	26,004,732,619
차입금(주 10)	23,162,849,640	22,975,378,820
당기법인세부채	27,380,028,621	26,333,563,560
리스부채(주 9)	1,651,506,774	801,747,230
기타유동부채	17,466,081,957	22,260,145,822
비유동부채	5,304,928,143	4,614,996,322
부채총계	151,764,326,461	177,761,363,486

결론적으로 유동비율이 100%가 넘으면 양호하다고 할 수 있다. 유동비율이 '100% 이상'이라는 것은 1년 안에 도래하는 부채보다 1년 안에 현금화할 수 있는 자산이 많다는 뜻이다. 예를 들어, 유동자산이 120억 원이고 유동부채가 100억 원이라면 유동비율은 120%가 되며 1년 안에 현금화할 수 있는 자산이 부채보다 20억 원 더 많다는 것이다. 필자가 생각하는 최소 유동비율은 100%이며 120%를 초과하면 상당히 양호한 수준이라고 할 수 있다.

2. 부채비율

[부채비율, %]

$$\frac{총\ 부채}{총\ 자산} \times 100$$

부채비율은 총부채를 총자산으로 나누고 곱하기 100을 한 수치다. 부채비율이 100%가 넘는다는 것은 자산보다 부채가 많다는 뜻이므로 부채비율은 제조업 기준으로 100% 이하면 양호한 수준이라고 할 수 있다. 부채비율이 높을수록 사채, 차입금 등 유상으로 돈을 빌렸기 때문에 이자 비용이 높아지고 그로 인해 회사 수익성을 저해하고 실적 성장에 방해가 된다. 실적이 성장하지 못하면 주가 상승을 제한하므로 부채비율이 높은 기업이라면 주식투자 시 고려할 필요가 있다.

3. 유보율

이익잉여금+자본잉여금　　[유보율, %]

$$\frac{유보액}{자본금} \times 100$$

　　유보액은 이익잉여금과 자본잉여금을 합산한 금액이다. 재무상태표에서는 수익에서 비용을 모두 차감하고 최종 남은 돈을 잉여금이라고 하는데 자본금은 주식회사가 주식을 주고받은 대가로 받은 돈이다(재무상태표는 자산, 부채, 자본으로 이루어져 있으며 기초 편 도서이므로 각 항목에 대해서는 최대한 이해하기 쉽도록 간략히 서술했다). 회사가 보유한 여윳돈, 회사의 종잣돈으로 나누는 개념이고 유보율이 높다는 것은 회사의 종잣돈보다 영업활동(자본활동)을 통해 벌어들인 돈이 더 많다는 것을 의미하고 유보율도 유동비율과 마찬가지로 높을수록 좋다고 할 수 있다.

- 유동비율: 최소 100% 이상(높을수록 바람직)
- 유보율: 최소 300% 이상(높을수록 바람직)
- 부채비율: 최소 100% 이하(낮을수록 바람직)

　　절대적 기준은 없지만 세 가지 재무안정성 지표인 유동비율, 유보율, 부채비율이 위 수준이라면 양호하다고 할 수 있다.

7. 아이쓰리시스템

아이쓰리시스템 재무안정성(2018~2022년)

(%)

	2018	2019	2020	2021	2022
부채비율	29.9	32.6	65.5	47	44.1
유보율	1,960.5	1,911.6	1,980.7	2,051.8	2,203.1
유동비율	347.5	309.6	248.8	204.6	232.6

　부채비율은 2020년을 제외하면 단 한 번도 50%를 넘긴 적이 없을 정도로 무차입 경영 중이며 2022년 한 해 동안 금리 인상이 계속되었지만 동사는 부채비율을 유지할 정도로 재무적으로 탄탄한 기업이라고 할 수 있다. 유보율은 2,000% 수준으로 완만하지만 꾸준히 성장하는 모습이고 유동비율은 2018년 대비 2022년에는 낮아졌지만 최소 기준인 100%의 2.3배를 상회하는 높은 수치를 유지하고 있다.

아이쓰리시스템 연간 실적(2020~2024E)

(억 원)

구분	2020	2021	2022	2023(E)	2024(E)	CAGR
매출액	665	797	838	1,047	1,455	22%
영업이익	8	14	57	91	156	123%
영업이익률	1%	2%	7%	9%	11%	83%

　2020~2024년 추정치까지의 연평균 성장률을 보면 매출액은 22% 성장하지만 영업이익은 123%씩 훨씬 더 성장할 것으로 보이며 영업이익률도 2024년까지 계속 성장할 것으로 보인다. 특히 2022년 영업이익은 전년 동기

대비 286% 성장했고 2023년 1분기 영업이익은 31억 원을 기록하며 한 분기 만에 작년 연간 영업이익의 54.4% 수준을 거두었고 올해도 추정치 기준으로 전년 동기 대비 60% 성장할 것으로 보인다.

이처럼 실적이 계속 성장하는 기업의 경우, 재무안정성 지표인 부채비율은 낮아지고(낮은 수준 지속 유지) 유보율과 유동비율은 높아진다. 동사는 유보율이 낮아졌지만 높은 수준을 유지하고 있고 전환사채, 신주인수권부사채, 유상증자 등 주주에게 손을 벌리지 않고 회사가 보유한 돈으로 투자하고 있다고 판단할 수 있다. 그만큼 실적 성장을 계속하는 기업은 재무안정성 지표도 계속 좋아진다.

아이쓰리시스템 일봉 차트(2022년 8월 ~ 2023년 5월)

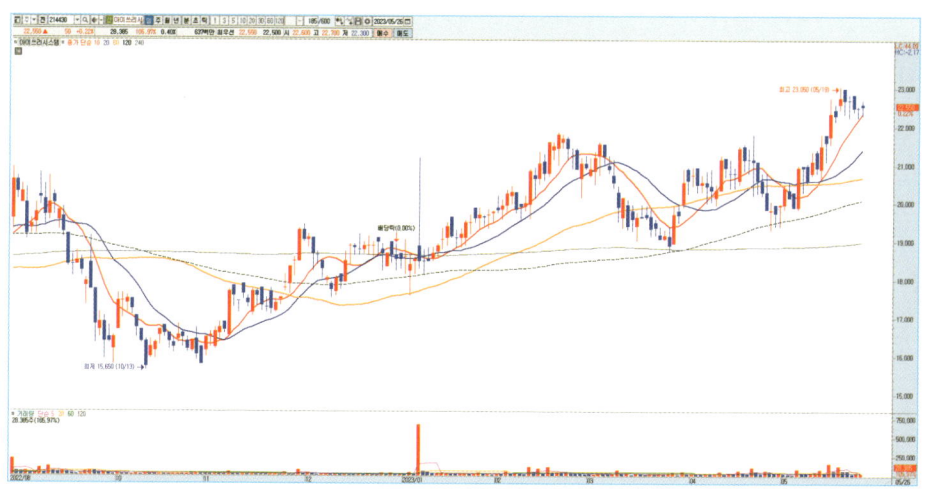

주가 흐름을 보면 2023년 1월 엄청난 거래량이 실렸고 그 후 주가는 저점을 높이면서 계속 우상향하는 추세이고 2023년 4월 중순부터 시장이 조정구간에 들어갔지만 동사는 52주 신고가를 계속 경신하는 모습이다.

 성장하는 기업 알고 가기

◆ 아이쓰리시스템

동사는 1998년 7월 11일 설립되어 적외선 영상 센서, 엑스레이 영상 센서 및 이를 장착한 전자제품의 개발·제조·판매를 주요 사업으로 영위함. 주력 제품으로는 적외선 영상 센서, 엑스레이 영상 센서, 적외선 영상 시뮬레이터 등으로 다양한 영상 시스템을 개발·제조·판매하고 있음. 동사는 국내 최초로 적외선 영상 센서의 개발·양산에 성공한 기업으로 국내시장의 군수 분야에서 독점적 지위를 확보 중임(출처: 에프앤가이드).

8. 명신산업

명신산업 재무안정성(2018~2022년)

(%)

	2018	2019	2020	2021	2022
부채비율	514.7	360.5	159.1	142.2	142.1
유보율	288.2	566.3	830.2	1,032.4	1,362.9
유동비율	75.1	88.5	126.9	131.1	150

　부채비율은 2018년부터 2022년까지 계속 하락하는 모습이고 2023년 1분기 기준으로 124.6%까지 하락했다. 유보율은 2018년 300%가 안 되는 수준이었지만 2022년 네 배 넘게 상승했으며 2023년 1분기 기준으로 1,500% 이상까지 상승했다. 유동비율은 2018~2019년 100% 이하였기 때문에 1년 안에 도래하는 부채가 더 많은 부실한 기업이었지만 2022년 150%까지 두 배 가까이 상승하면서 재무안정성 지표가 눈에 띄게 좋아지고 있음을 확인할 수 있다.

명신산업 연간 실적(2018~2022년)

(억 원)

구분	2018/12	2019/12	2020/12	2021/12	2022/12
매출액	3,442	7,757	8,090	11,077	15,152
영업이익	140	596	662	565	1,269

　2018년 동사의 매출액은 3,000억 원대 중반이었지만 2022년 기준으로 1조 5,000억 원을 돌파했다. 2021년 1조 원 클럽에 가입할 정도로 큰 폭의 매출 성장을 이루었지만 성장한 매출액 대비 영업이익은 100억 원가량 오히려 역성장했다. 인플레이션으로 인해 운임 비용과 원자재 가격이 상승하면서

수익성이 악화되어 영업이익이 역성장을 기록한 것이다.

하지만 2022년 운반비와 원자재 가격이 안정되면서 영업이익률은 2020년 8%대로 회복했고 이는 곧 영업이익(수익성) 회복으로 연결되었다. 그로 인해 재무안정성 지표인 부채비율은 500%에서 140%까지 ⅓ 수준으로 낮아졌고 유동비율도 두 배 가까이 상승할 수 있었다. 결국 실적이 성장하면서 빌린 돈을 갚아 부채가 줄고 잉여금이 발생해 유동자산이 많아져 안정성 지표도 좋아졌다고 할 수 있다.

명신산업 일봉 차트(2022년 10월 ~ 2023년 5월)

2022년 주가는 15,000원 근처에서 등락을 반복하는 모습이었지만 2022년 4분기 474억 원의 영업이익을 기록했고 2023년 1분기에도 477억 원을 기록하며 영업이익률은 10%대를 기록했다. 그동안 실적이 빠르게 회복되지 못하며 실망 매물로 주가가 반등세를 펼치지 못했지만 시장에서 기대하는 수익성을 보여주며 저점을 서서히 높이면서 우상향 추세를 만들어가고 있다. 결국 주가는 수익성 성장과 궤를 함께 한다는 것을 알 수 있다.

투자 Tip 성장하는 기업 알고 가기

◆ **명신산업(009900)**

핫스탬핑 공법으로 경량화시켜 만든 제품을 자동차 차체 부품업체에 납품하는 것을 주요 사업으로 영위하는 기업으로 차체 부품업체는 동사의 부품 등을 조립해 완성된 차체를 완성차 업체에 납품함. 동사의 주요 연결 종속법인 미국심원은 전기차를 생산하는 글로벌 전기차 업체의 1차 납품업체임. 글로벌 전기자동차 고객사향(向) 매출의 경우, 동사의 종속법인인 심원테크와 미국·중국의 현지 법인을 거쳐 글로벌 전기자동차 고객사에 납품 중임

(출처: 에프앤가이드)

9. 칩스앤미디어

칩스앤미디어 재무안정성(2018~2022년)

(%)

	2018	2019	2020	2021	2022
부채비율	11.6	11.7	21.9	21	50.3
유보율	641.2	733.3	557.4	665.3	838.1
유동비율	1,101.6	833.9	809.3	595.9	219.7

유보율은 성장하고 있지만 부채비율과 유동비율은 지속적으로 하락하고 있다. 하지만 저자가 최소 조건으로 말했던 부채비율은 100%의 절반 수준이며 유동비율도 2018년 대비 큰 폭으로 하락했지만 필자가 말한 최소조건인 100%의 두 배가 넘는 수준이다.

칩스앤미디어 연간 실적(2018~2022년)

(억 원)

구분	2018/12	2019/12	2020/12	2021/12	2022/12
매출액	141	161	154	200	241
영업이익	20	36	24	52	73

동사의 실적을 살펴보면 매출액과 영업이익은 2020년을 제외하면 꾸준히 성장 중이다. 5년간 연평균 성장률은 매출액과 영업이익이 각각 11%, 27%로 꾸준히 성장 중이다. 매출액의 경우, 필자가 말한 15%를 하회하지만 수익성의 경우, 성장 조건인 10%의 2.7배가 넘으므로 충분히 성장성이 높은 기업으로 판단할 수 있다. 그리고 실적 성장이 2021년부터 본격화되고 있고 미래에도 지속적인 성장이 예상되는 컨센서스가 나오고 있어 향후 성장성은 과거보다 더 클 것이다.

칩스앤미디어 일봉 차트(2022년 10월 ~ 2023년 5월)

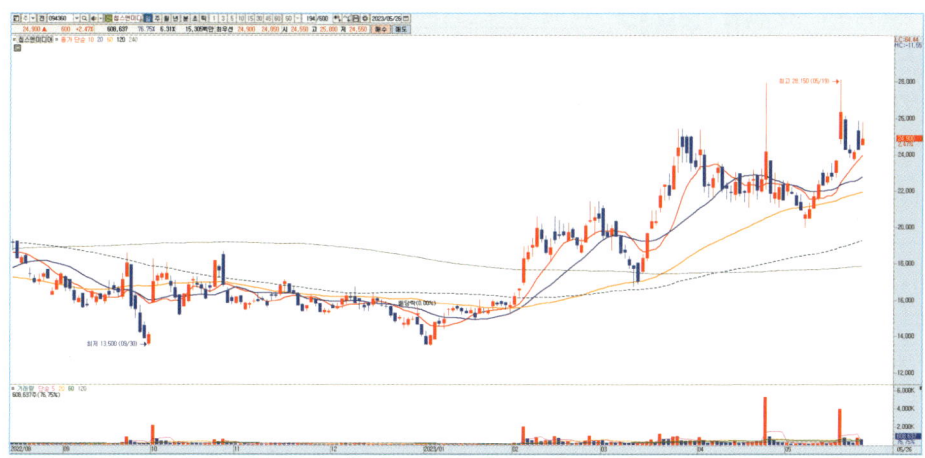

2023년 주가 상승 흐름의 힘이 강한데 2023년 1분기 예상치보다 높은 영업이익을 기록했으며 GPT, GPU 관련 기업으로 향후 성장성이 높은 업종에서 돈을 잘 버는 기업이라는 점이 부각되면서 주가는 우상향 추세를 계속 만들어 가는 모습이고 거래량도 2023년 2월부터 레벨업된 수준이다. 지속적인 투자를 해야 하는 반도체 칩 설계업체여서 유동비율과 부채비율이 높아졌지만 지극히 양호한 수준이며 실적 성장도 보여주고 있어 실적이 계속 성장한다면 주가는 앞으로도 좋은 흐름을 보여줄 수 있을 것이다.

성장하는 기업 알고 가기

◆ **칩스앤미디어**(094360)

동사는 2003년 설립되어 소프트웨어 개발업으로 시스템 반도체 설계 자산(IP) 개발·판매를 사업 목적으로 함. 반도체 칩 제조사에 비디오 IP를 라이선스하고 반도체 칩 회사는 동사의 비디오 기술 및 자체 기술을 활용해 스마트폰이나 디지털 TV 등에 들어가는 반도체 칩을 설계·개발·제조해 납품함. 매출 비중은 로열티 59%, 라이선스 37%, 용역 4%로 구성됨(출처: 에프앤가이드).

주가는 실적 성장이라는
주인을 따라다니는 하수인이다

매출액, 영업이익, 순이익이 꾸준히 성장하는 회사와 사상 최대 분기 실적을 기록한 기업의 주가 흐름을 분석해보자. 특히 2023년 1분기 호실적을 기록한 기업의 주가 흐름을 코스닥 지수·업종과 비교하고 실적과의 상관관계까지 알아보자.

10. 코스닥

코스닥 일봉 차트(2022년 12월 ~ 2023년 5월)

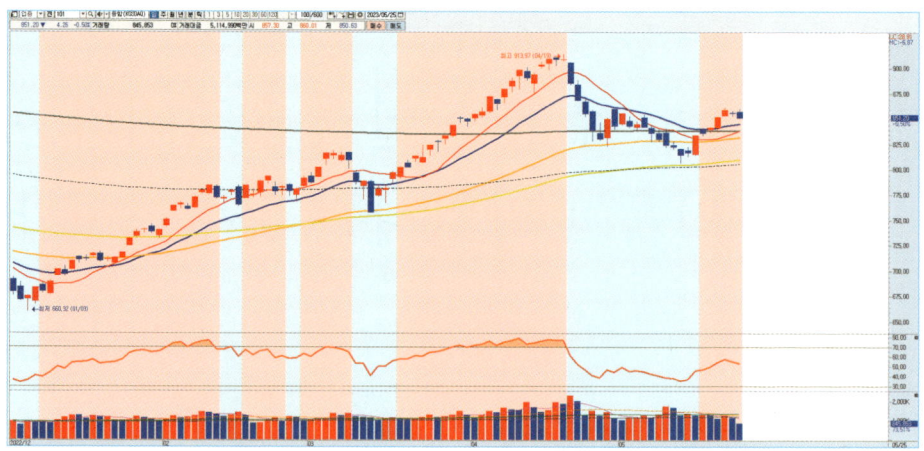

코스닥 지수의 경우, 2023년 연초 660포인트 바닥을 찍고 4월 19일까지 일시적 조정은 있었지만 계속 상승했다. 그 후 5월 중순까지 800포인트 이탈을 위협받기도 했지만 재상승했다. 실적이 꾸준히 성장하고 2023년 1분기 호실적을 기록한 기업이 지수와 달리 52주 신고가를 기록하고 고점을 경신해 나가는 것에 대해 실전 사례로 기업을 지수와 비교해 설명하겠다.

1. 반도체·디스플레이 업종

코로나19로 인해 호황기를 누렸던 섹터이지만 사회적 거리두기와 마스크 의무착용 등이 해제되면서 코로나19로부터 벗어나 일상으로 돌아가기 시작했다. 이는 반도체·디스플레이 업종에 큰 타격을 주었다.

수요 감소, 공급과잉 등으로 D-RAM, 낸드 플래시 가격이 하락하고 재고가 쌓여 반도체·디스플레이 업체의 실적이 2022년 하반기부터 역성장하는 사례가 많이 발생했다. 업종 내 대부분의 기업이 수익성 악화나 역성장으로 투자 심리가 좋지 않았지만 그중에서도 호실적을 기록한 기업이 분명히 있었고 업황 분위기와 달리 지수가 조정을 받는 시기에 강한 우상향 흐름을 보이는 기업도 분명히 있었다는 것이다.

11. 매커스

매커스(093520) 일봉 차트(2022년 12월 ~ 2023년 5월)

동사의 최고가는 2021년 3월 25일에 기록한 13,450원이었다. 2022년 5월 중순, 실적을 발표한 이후 주가는 45% 가까운 상승 흐름을 보여주었고 같은 기간 코스닥은 5월 15일 저점 이후 10%도 상승하지 못한 것을 감안하면 지수를 이겨내는 주가 흐름을 보여주었고 5월 26일 결국 역사적 신고가를 경

신하며 5월 30일까지 지수 대비 시세가 강하게 분출되는 모습을 보여주었다.

동사는 2019년부터 영업이익이 꾸준히 성장하는 모습이었고 2021년 영업이익은 2018년 창사 이래 최대 실적을 갈아치웠다. 2022년에는 전년 동기 대비 영업이익이 약 22% 성장해주었다.

매커스 연간 실적(2018~2023E)

(억 원)

구분	2018/12	2019/12	2020/12	2021/12	2022/12
매출액	896	575	869	1,407	1,938
영업이익	129	59	95	260	315

2023년 1분기에 기록한 영업이익은 116억 원인데 이는 2022년 연간 영업이익의 36.8%를 차지할 정도로 업황은 부진의 연속이지만 동사는 고속 실적 성장을 해주는 모습이다. 2023년 연간 영업이익 추정치는 367억 원(6월 4일 기준)으로 2022년 대비 15%가 넘는 실적 성장을 할 것으로 예상된다. 실적이 꾸준히 성장하는 기업이고 업황 분위기는 좋지 않지만 분기 실적도 좋게 나오면서 주가는 단기간에 빠른 슈팅이 나와주었다.

◆ **매커스(093520)**

동사는 비메모리 반도체인 PLD 반도체(FPGA 반도체)와 아날로그 반도체 등을 기술영업을 통해 판매하고 기술지원하는 '비메모리 반도체 솔루션' 업체임. 사업은 AMD(자일링스(XILINX)), 르네사스(RENESAS), 메이콤(MACOM) 등 세계적인 반도체 전문회사들의 제품을 국내에 들여와 기술영업을 하는 반도체 유통업체로 분류될 수 있음. 대부분의 매출은 비메모리 반도체로 구성됨(출처: 에프앤가이드).

12. 에스앤에스텍

에스앤에스텍(101490) 일봉 차트(2022년 12월 ~ 2023년 5월)

동사의 주가는 2020년 8월 54,300원이었고 2022년 7월 18,250원까지 하락했다. 1년 가까이 주가는 최고가 대비 -66% 하락했지만 그 후로 계속 우상향했고 결국 역사적 신고가(57,600원, 6월 4일 기준)를 경신했다. 그 이유는 실적에서 찾을 수 있다.

에스앤에스텍 연간 실적(2018~2023E)

(억 원)

구분	2018/12	2019/12	2020/12	2021/12	2022/12	2023/12(E)
매출액	610	845	874	988	1,235	1,600
영업이익	52	111	110	126	160	380

2019년 영업이익이 전년 동기 대비 100% 넘는 실적 성장을 보여주었지만 2021년까지 큰 폭의 실적 성장을 보여주진 못했다. 하지만 2022년부터

달라지기 시작했다. 연간 영업이익은 160억 원이었고 이는 전년 동기 대비 약 27%의 실적 성장이었다. 추정치이지만 2023년 예상 영업이익은 380억 원으로 전년 동기 대비 무려 137.5% 성장할 것으로 예상된다. 핵심은 매우 미세한 단위의 반도체를 생산하기 위해 EUV 노광장비를 세계적인 반도체 기업인 삼성전자, TSMC, 인텔 등이 앞으로 계속 도입할 수밖에 없다는 것이다.

EUV 전용 블랭크 마스크, 펠리클 소재에 기술력을 가지고 있고 2024년에는 양산까지 가능할 거라는 기대감이 에스앤에스텍의 미래 실적 성장치를 높게 잡은 근거라고 할 수 있다. 그런 기대감이 주가를 계속 우상향시키고 있고 2023년 1분기 실적으로도 보여주었다. 2023년 1분기 영업이익은 70억 원으로 2022년 연간 영업이익의 43.75% 수준이고 하반기로 갈수록 실적 성장 폭은 계속 높아질 것으로 보여 2023년부터 본격적인 실적 성장을 해줄 것으로 보인다.

2. 미용·의료기기 업종

반도체 업종과 달리 코로나19가 창궐하던 시기에 빛을 전혀 볼 수 없었던 업종이다. 외부활동이 제한되다 보니 외모 치장과 가꾸기에 소홀할 수밖에 없었고 설령 외부활동을 하더라도 마스크 의무착용으로 색조 화장품, 피부과 진료 등의 수요가 급감했다. 하지만 일상으로 복귀하면서 자연스럽게 주변 사람들과의 교류가 많아지면서 외모 관리·미용 수요가 늘었고 2022년 하반기부터 실적이 꾸준히 성장 중인 업종이다.

앞으로는 코로나 이전 수준의 매출을 회복하고 리오프닝으로 인한 수혜가 끝나더라도 실적이 계속 성장할 기업 위주로 선별적으로 접근해야 한다는 것이 매우 중요한 포인트다. 시장은 합리적이므로 일회성 요인으로 실적이 성장한다는 것은 주가가 계속 상승할 근거가 못 되고 실적이 정점을 찍고 다시 내리막길을 걸을 수 있다는 피크아웃 우려가 상존하므로 회사의 본업(화장품, 미용·의료기기 등)으로 미래에도 시장에서 Outperform할 기업을 발굴하는 것이 중요하다.

13. 티앤엘

티앤엘(340570) 일봉 차트(2022년 12월 ~ 2023년 5월)

주식 청약 열풍이 불었던 코로나19 시즌인 2020년 12월 상장된 이후 주가는 2021년 9월 중순까지 저점 대비 세 배 가까이 상승했지만 그 후로 실적 성장폭이 기대치에 못 미치면서 2022년 6월까지 주가의 전체적인 흐름은 하

락세였다. 하지만 다시 바닥을 다지고 2023년 상반기까지 쉬지 않고 계속 오름세이며 역사적 신고가(6월 6일 기준)를 넘어갈 수준까지 올라왔다. 실적을 보면 주가의 움직임이 명확히 보일 것이다.

티앤엘 연간 실적(2018~2023E)

(억 원)

구분	2018/12	2019/12	2020/12	2021/12	2022/12	2023/12(E)
매출액	263	326	406	719	816	1,195
영업이익	53	77	96	223	243	380

2021년 영업이익을 보면 전년 동기 대비 두 배가 넘는 실적 성장을 보여주었고 매출액도 크게 성장했음을 확인할 수 있다. 그런데 2022년 실적을 보면 2021년 대비 매출액과 영업이익 모두 성장폭이 둔화되었음을 확인할 수 있다. 2023년 1분기 영업이익은 89억 원을 기록했는데 이는 2022년 연간 영업이익의 36.6% 수준의 높은 실적 성장이다.

리오프닝 효과로 인해 화장품, 미용·의료기기 섹터의 경우, 1분기에서 2분기, 3분기로 갈수록 실적이 더 좋아질 것으로 보여 주가는 상장 이후 다시 역사적 신고가를 경신할 실적 근거를 만들어가고 있다. 여기에 기업에 대한 공급계약 공시 내용과 시장지배력에 대한 이해도까지 안다면 좋은 기업을 모아가고 빨리 팔아버리는 우를 범하지 않을 것으로 판단된다.

* 티앤엘 공급계약 공시 내용 일부 발췌

⑴ 계약 상대방 : HERO COSMETICS(미국)
⑵ 공급계약 금액 : 1,092억 8,700만 원
⑶ 최근 사업연도 매출액 : 406억 원
⑷ 최근 사업연도 매출액 대비: 269%
⑸ 공급 기간 : 2022년 3월 ~ 2024년 12월
⑹ 계약서 접수일자 : 2022년 3월 18일
⑺ 공급 품목 : 마이크로니들 패치 및 트러블케어 패치
⑻ 판매 공급지역 : 미국, 캐나다
⑼ 주요 조건 : 미국, 캐나다 독점판매권 부여
　　　　　　　연간 최소 판매 의무를 가짐
　　　　　　　2022년 2,500만 달러
　　　　　　　2023년 3,000만 달러
　　　　　　　2024년 3,500만 달러

　4번 항목을 보면 매출액 대비 269%라는 대규모 공급 계약공시를 했는데 이는 2024년 12월까지 미국 Hero Cosmetics사에 트러블 패치를 계속 공급한다는 내용이다. 동사의 창상치료제 배합기술이 독보적이다 보니 갑으로부터 돈을 받아야 하는 을이지만 2022년부터 2024년까지 Hero Cosmetics의 자사 제품이 팔리지 않더라도 매년 최소한의 의무 판매를 가진 티앤엘에게 매우 유리한 계약이라고 볼 수 있다.

　또한, Hero Cosmetics사는 미국 아마존 Pore Cleansing Strips 분야에서 판매 1위 기업이고 같은 범주 내 3위 기업에게도 공급하고 있다. 그리고 독일 Strize Group과 유럽 전 지역 판매 공급계약까지 체결하면서 글로벌 3대 시장 중 북미와 유럽 시장에 진출할 만큼 기술력을 대내·외에 보여주었다.

◆ **티앤엘(340570)**

동사는 고기능성 소재 전문기업으로 고기능성 소재 기술을 의료용 분야에 적용해 창상피복재(하이드로콜로이드, 폴리우레탄 폼 등)와 정형외과용 고정제(CAST, SPLINT 등)의 제조·판매, 창상피복재 판매대리점 10여 개 점, 정형외과용 고정제 판매대리점 10여 개 점을 통해 판매를 진행 중임. 향후 소재 기술 및 의료기기 기술을 활용해 더마코스메틱 및 의약품 시장으로 영역을 확대해나갈 계획임(출처: 에프앤가이드).

14. 클래시스

클래시스(214150) 일봉 차트(2022년 12월 ~ 2023년 5월)

사실 코로나 발생 이후 리오프닝에 대한 기대감은 2021년부터 지속적으로 높아진 상태여서 2021년 8월 19일 클래시스 주가는 역사적 신고가인 27,200원까지 올랐지만 업황 회복이 빠르지 못해 실적이 좋았던 동사도 동반 하락할 수밖에 없었다. 하지만 2022년 하반기부터 평균 영업이익이 200억 원에 가까운 수준을 보여주기 시작했고 주가는 2023년 상반기 역사적 신고가를 계속 써내려갔다. 영업이익률이 40% 후반부터 50%를 넘나드는 매우 훌륭한 기업이므로 주가도 코로나19 발생 직전의 약 두 배가 넘는 상승세를 보여주었다.

클래시스 연간 실적(2018~2023E)

(억 원)

구분	2018/12	2019/12	2020/12	2021/12	2022/12	2023/12(E)
매출액	475	811	765	1,006	1,418	1,771
영업이익	175	417	406	517	689	901

　동사의 경우, 2022년 매출액과 영업이익이 소폭 역성장했지만 코로나19라는 특수한 상황에서도 2021년 사상 최대 매출액과 영업이익을 올렸고 2022년에도 2021년보다 매출액과 영업이익 모두 성장하면서 사상 최대 실적 기록을 갈아치웠다. 2014년 40억 원의 영업이익을 기록한 기업이 2022년 약 17배의 영업이익 성장을 기록해 주가도 상장 당시보다 10배 이상 상승한 텐배거 종목이 되었다.

 성장하는 기업 알고 가기

◆ **클래시스(214150)**

동사는 2007년 설립되었으며 미용 목적의 의료·미용기기, 개인용 뷰티 디바이스·화장품 사업을 영위 중임. 주요 제품의 누적 판매 대수와 사용 회수가 증가 중임. 현재 동사 브랜드와 소모품의 매출 비중은 각각 55%, 35%로 매출처는 전 세계 60여 개 국의 대리점, 국내 병·의원, 일반 소비자 등으로 이루어져 있으며 제품 및 관련 소모품은 당사 생산시설에서 직접 생산 중임(출처: 에프앤가이드).

3. IT·보안 업종

카카오, 네이버 등 코로나로 인한 언택트 관련주로 분류되면서 2020년 6~7월 주가가 사상 최고가를 찍었던 업종이다. 사상 최고가 경신 이후 주가는 내림세이지만 IT는 앞으로 성장할 수밖에 없는 업종이고 대형주보다 중·소형주 기업에게 더 큰 기회가 예상된다. IT·보안 업종을 2차전지와 비교해 설명하면 2차전지는 구조적으로 성장할 수밖에 없는 업종이다.

글로벌적으로 탄소 중립을 위해 많은 노력을 기울이고 있는데 내연기관 자동차에서 배출되는 배기가스 감축을 위해 전기차, 수소차 등 탄소를 배출하지 않는 자동차에 세제 혜택을 주고 있으며 스위스의 특정 도시에서는 내연기관 자동차는 아예 진입할 수도 없다. 전체 자동차 시장에서 친환경 자동차가 차지하는 비중은 아직 작다. IT·보안 섹터도 유통시장에서 오프라인 결제 비율이 온라인보다 아직 높은데 이는 온라인 시장이 계속 성장할 수밖에 없다는 뜻이다.

오프라인은 임대료, 인건비 등 비용적 측면이 발생하는 반면, 온라인 비즈니스는 시스템만 구축하면 고정비가 줄어 값싸게 제품을 판매할 수 있고 합리적 소비자인 MZ 세대는 오프라인에서 옷을 직접 입어보고 가격이 상대적으로 저렴한 온라인을 통해 구매하는 경우도 적지 않다. 이처럼 온라인 시장이 커지는 과정에서 서버, 네트워크, 보안은 앞으로도 계속 중요할 수밖에 없는 업종이다.

15. 지니언스

지니언스(263860) 일봉 차트(2022년 12월~2023년 5월)

동사의 주가 밴드는 코로나19 발생 직후였던 2020년 3~4월과 상장되었던 2017년 8월을 제외하면 4,300~7,500원에서 움직였지만 2021년 12월 역사적 신고가를 경신하면서 14,500원까지 빠르게 올랐다. 국내에 마이데이터(My Data)가 도입되는 과정에서 보안의 중요성이 부각되었고 2021년 12월 한 달 동안 주가는 무려 58% 가까이 상승했다. 하지만 My Data에 대한 기대감이 사그라지면서 주가는 2022년 10월 6,750원까지 직전 고점 대비 -50% 넘게 하락했다. 이런 주가 움직임을 실적을 보면서 설명하겠다.

지니언스 연간 실적(2018~2023E)

(억 원)

구분	2018/12	2019/12	2020/12	2021/12	2022/12	2023/12(E)
매출액	214	249	268	319	385	476
영업이익	24	23	26	59	69	96

동사의 경우, 2018년부터 2020년까지 주가가 상승할 수 없었던 이유는 그 기간에 연간 영업이익이 평균 25억 원 수준을 유지했지만 실적 성장을 못 했기 때문이다. 하지만 통신사·대형마트 등 다양한 곳에서 개인정보 유출 문제가 사회적 이슈로 대두되었고 사이버 보안에 대한 사회적 인식도 높아졌다.

그로 인해 온라인 비즈니스로 특정 매출액을 넘으면 개인정보 관리체계에 대한 인증(ISMS, PIMS 등)이 필수적으로 수반되었고 보안 업종 기업이 대체로 실적 성장 구간에 들어갔다. 2021년 연간 영업이익은 전년 동기 대비 두 배가 넘는 성장을 보여주었고 2022년에는 17%밖에 성장하지 못했지만 2023년에는 2022년 성장률보다 높은 실적 성장을 이룰 것으로 보인다.

보안 업종은 4분기에 한 해 영업이익의 절반을 기록하는 실적 패턴을 보이는 업종이다. 동사도 보통 1분기에는 영업적자를 기록하지만 2023년 1분기 영업이익 13억 원을 기록하면서 사상 첫 1분기 흑자를 기록했고 2023년에도 계속 실적 성장할 거라는 기대감을 갖게 했다. 실적이 꾸준히 성장하고 앞으로도 계속 성장할 수밖에 없는 업종에서 기술력까지 뒷받침되는 회사이므로 주가도 2023년 6월 전고점이던 14,500원을 뛰어넘어 15,000원을 넘기면서 역사적 신고가를 기록했다.

◆ 지니언스(263860)

2005년 1월 6일 설립된 동사는 네트워크 접근제어(NAC) 솔루션 개발을 주요 사업으로 함. 매출 형태는 정보·보안제품의 판매와 솔루션 도입고객에 대한 유지·보수 및 기술지원 용역으로 구분됨. 제품으로는 기업 내부의 네트워크를 보호해주는 NAC, EDR, PC 보안·진단 솔루션인 GPI가 있음. EDR 사업은 2022년 누적 고객업체 120곳을 돌파해 국내 최다 고객을 확보함(출처: 에프앤가이드).

16. 비즈니스온

비즈니스온 연간 실적(2018~2023E)

(억 원)

구분	2018/12	2019/12	2020/12	2021/12	2022/12	2023/12(E)
매출액	150	157	184	335	439	554
영업이익	57	62	55	90	121	163

연간 영업이익 추이를 보면 2018부터 2020년까지 성장폭이 크지 못했다. 하지만 2021년 매출액은 전년 동기 대비 82.1%, 영업이익은 63.6%로 큰 폭으로 성장했고 2022년까지 사상 최대 매출액과 영업이익을 올리면서 회사가 계속 성장하는 모습을 보여주고 있다. 특히 2023년 1분기 영업이익은 50억 원으로 2022년 연간 영업이익의 55.5%를 불과 한 분기 만에 벌었다. 또한, 2023년 추정치로 예상되는 연간 영업이익 121억 원의 41.3% 수준으로 상당히 좋은 실적 성장 면모를 보여주었다.

비즈니스온(138580) 일봉 차트(2023년 1~5월)

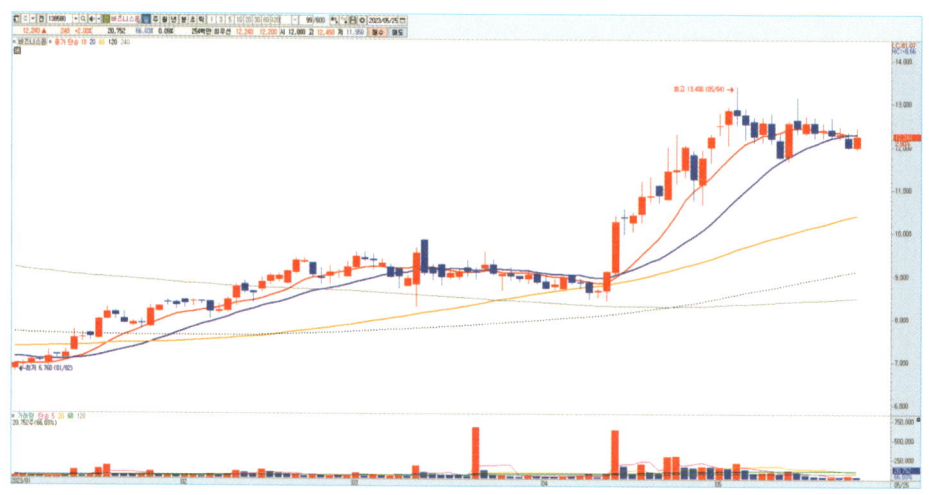

2021년 무상증자 열풍으로 동사의 주가가 25,250원까지 폭등한 시기가 있었다. 재료와 테마 덕분에 주가가 급등했지만 주가가 실적보다 오버슈팅되었기 때문에 제자리로 돌아왔고 상장 당시 가격보다 내려가면서 2022년 10월 역사적 최저가인 6,540원을 찍었다. 하지만 그 후 실적 성장하는 모습을 보여주었고 2023년 6월까지 주가는 계속 우상향했다.

이처럼 일시적으로 뉴스와 테마에 편승해 주가가 급등할 수는 있지만 실적이 받쳐주지 못하는 기업의 주가는 결국 원위치로 돌아오므로 앞장에서 서술했듯이 매출액과 영업이익, 순이익이 꾸준히 성장하는 회사를 발굴하는 데 집중해야 한다. 실적 대비 저평가된 기업을 포트폴리오에 넣어둔다면 변동성이 큰 시장에서도 하방 경직성이 튼튼한 기업이므로 업사이드가 많이 열린 기업들도 발굴할 수 있을 것이다.

 성장하는 기업 알고 가기

◆ **비즈니스온(138580)**

동사는 2007년 12월 13일 설립해 2017년 11월 30일자로 코스닥 시장에 상장했음. 동사는 전자세금계산서 발급 서비스를 기반으로 전자계약, 매입통합, 지능형 빅데이터 등의 서비스를 주요 사업으로 영위함. 동사가 영위하는 전자세금계산서 시장은 전자세금계산서를 통한 부가가치세 신고를 기반으로 한 시장이며 부가가치세는 GDP와 높은 상관관계가 있음(출처: 에프앤가이드).

Chapter 09

주가수익비율(PER)

성장하는 기업의 조건에서 세 번째로 EPS(주당순이익)에 대해 공부했다. 순이익을 주식 수로 나누는 개념으로 한 주당 순이익을 보여주는 지표다. 순이익이 커지거나 주식 수가 줄면 EPS는 당연히 커진다.

주가를 EPS로 나눈 것을 주가수익비율(PER) 또는 멀티플이라고 한다. 일반적으로 PER가 높으면 고평가, 낮으면 저평가되었다고 한다. 필자는 보통 멀티플(PER)이 30배 이상인 기업에는 잘 투자하지 않는다. 일반적으로 고평가되었다고 생각하기 때문이다. 하지만 절대적 개념은 아니다.

업종별로 비교해보면 더 쉽게 이해할 수 있다. 2차전지 업종의 대표주 에코프로비엠(247540)의 2023년 PER는 67.42배로 예상되지만 신한지주(055550)는 3.84배에 불과하다(2023년 6월 25일 기준).

[투자지표] 주가수익비율

$$\text{저/고 PER} = \frac{\text{주가}}{\text{EPS}}$$

[투자지표]

PER < 30배

주가수익비율

PER가 낮은 신한지주가 저평가되어 있다고 단언할 수 있는 사람은 없다. 2차전지 섹터의 경우, 성장성이 매우 클 수밖에 없는 업종이며 높은 실적 성장을 보여주고 있어 그만큼 높은 PER(멀티플)를 부여할 수 있다.

에코프로비엠(247540) 연간 PER

구분	2019	2020	2021	2022	2023(E)	2024(E)	2025(E)
PER	30.48	75.9	108.04	37.86	67.42	47.34	32.92

동사의 2019~2022년 PER는 30배 이하로 내려온 적이 단 한 번도 없다. 그만큼 성장성이 매우 큰 업종이다 보니 높은 PER를 부여받을 수 있다는 것이다. 향후 전기차의 침투율이 계속 높아질 수밖에 없으므로 그로 인한 양극재 수요도 늘어날 수밖에 없다.

이는 곧 실적 성장을 의미한다. 순이익 규모가 커진다는 것은 EPS(순이익/주식 수)가 성장한다는 뜻이고 EPS가 커지면 PER가 작아진다. 아래 이미지에서 분모 자리를 보면 순이익이 커지면 PER는 작아지고 주식 수가 늘면 PER는 높아진다는 것도 확인할 수 있다. 계산해 주식투자를 하자는 것이 아니라 회사의 적정가치를 매기기 위해서는 적어도 기본 개념은 알아두어야 한다는 것이다.

◆ 에코프로비엠(247540)

동사는 2016년 5월 1일을 분할기일로 해 에코프로의 2차전지 소재 사업 부문이 물적 분할되어 신설되었음. 2019년 3월 코스닥 시장에 상장했음. 2013년 하이니켈계 양극소재 중심으로 사업을 재편한 이후 NCA 분야에서 시장점유율을 꾸준히 높여왔음. 글로벌 Non-IT용 NCA 양극재 수요 확대와 국내·외 EV용 하이니켈계 양극재 판매 호조가 계속되는 가운데 세계시장 점유율을 지속적으로 확대해나가고 있음(출처: 에프앤가이드).

2023년 상반기 2차전지 업종이 강한 주가 상승을 했기 때문에 PER가 67배까지 상승했지만 미래에도 수년간 실적 성장이 계속될 것으로 예상되므로 2024년, 2025년 예상 주가수익비율이 47.34배, 32.92배까지 하락하는 것이다.

* PER 산정 방법

1. 동종업계 경쟁사 PER
2. 글로벌 peer그룹 PER
3. 회사의 평균적인 Historical PER

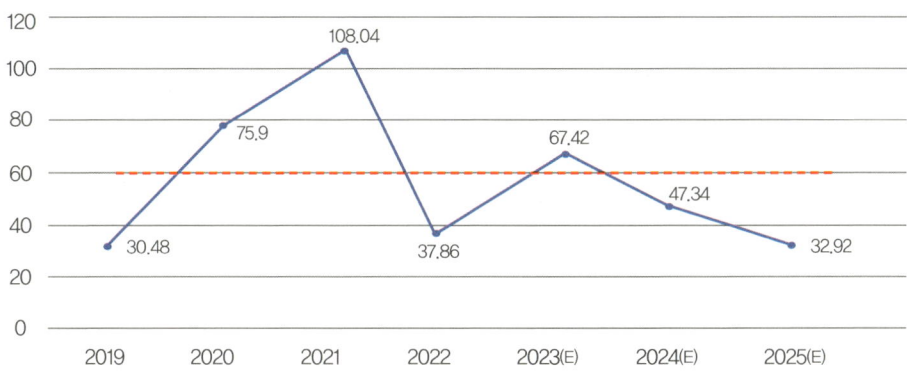

에코프로비엠(247540) 연간 PER

저자가 가장 선호하는 방법은 3번이며 위 그래프처럼 도식화하면 직관적으로 확인할 수 있다. 간략히 소개했지만 적정 멀티플을 찾는 것은 쉬운 일이 결코 아니다. 시장·업종·기업 등 다양한 분석을 통해 경험치를 쌓고 많이 숙달되어야 할 것이다.

Chapter 10

목표주가 =
주당순이익(EPS) × 주가수익비율

앞에서 주당순이익과 주가수익비율에 대해 설명했다. 그 이유는 이 두 가지로 목표주가를 심플하게 계산할 수 있기 때문이다. 목표주가는 바로 주당순이익(EPS)과 주가수익비율(PER)을 곱해 구한다.

EPS × **PER**

주당순이익   주가수익비율

* 투자 포인트

1. 미래의 예상 EPS를 달성할 수 있는 핵심기술력과 돈을 잘 버는지 체크
2. 재무 안정성이 튼튼한 기업인지 체크
3. 약점이 있다면 할인 요소, 확실한 기대치가 있다면 할증 요소

에코프로비엠(247540)을 예로 들어 설명하겠다(2023년 6월 25일 기준).

평균 PER (2015~2025E)	2023(E) EPS	2024(E) EPS	2025(E) EPS
57.14	3,901	5,556	7,990
목표주가 (PER×EPS)	222,903	317,470	456,549

동사의 2019~2025E 평균 PER는 57.14다. 그리고 2024년 EPS는 5,556원, 2025년 EPS는 7,990원이다. 평균 PER를 2024년 EPS와 2025년 EPS에 각각 곱하면 2024년 예상 컨센서스를 바탕으로 예상할 수 있는 목표주가는 317,470원, 2025년 컨센서스 기준으로는 456,549원을 목표주가로 산정할 수 있다.

하지만 실적 컨센서스는 말 그대로 추정치이므로 기업 실적이 추정치대로 나와주는지 체크해야 하며 이는 곧 EPS에 영향을 미친다. 경쟁사 출현, 판매가 하락 등으로 수익성이 달라질 수 있다는 것을 반드시 알아야 한다. PER도 산업 성장성이 둔화할 수 있으므로 높은 밸류를 부여할 수 있지만 언제든지 달라질 수 있다는 것을 기억해야 한다.

주식시장에 100%는 없다. 하지만 주식투자에서 성공 확률을 높이기 위해 이 책에서 다루었던 기본적 분석(실적 성장, EPS, PER, 목표주가, 재무안정성 등)이라도 알고 있다면 주식투자를 시작할 최소한의 준비는 되었다고 생각한다.

실전 기업분석(총정리)

11장에서는 1편 기본적 분석을 총정리하면서 소중한 자산을 주식에 투자하기 위한 최소한의 자료 정리법을 설명하겠다. 실제로 저자가 경제방송에서 사용했던 자료로 설명하겠다.

1. 매출액과 영업이익, 순이익이 성장하는 회사인지?(또는 흑자전환했는지)
2. 기업 특유의 무기는 무엇인지?
3. 재무안정성은 높은지?
4. 목표주가 산정 방법은?

1. 화신(010690) 기업 개요

동사는 Chassis & Body Part의 주요 부품을 모듈품 또는 개별품 형태로 생산해 납품하는 자동차부품 전문업체임. 동사의 자동차 부품은 CHASSIS(Member, Arm, CTBA, Module), BODY(F/TANK, PNL), 기타 제품(Link, Press품, 차체 파트)으로 구성됨. 자동차 조향장치의 주요 구성품인 Member, Control arm, CTBA 및 차체를 구성하는 Fuel tank, 판넬 등을 생산(출처: 에프앤가이드).

주요 제품

- 샤시 - 바디 부품

자료: 화신, 유진투자증권

**현대차/기아/폭스바겐 북미 전기차 공장에 동반투자,
북미 업체 배터리 케이스 수주에 적극적으로 변화**

매출 비중

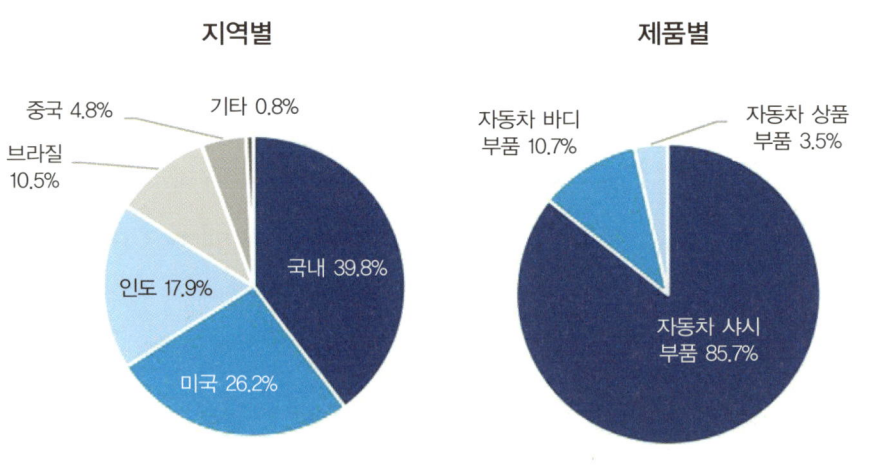

자료: 화신, 유진투자증권

미국 시장 매출 비중이 가장 높은 부품사 중 한 곳
전기차 경량화의 핵심인 알루미늄 관련 제품 공급

화신 재무안정성

(%)

부채/자본	2019	2020	2021	2022	2023년 1분기
부채비율	169.7	221.8	201.9	181.5	179
유보율	1,640.7	1,388.4	1,576.2	1,968.1	2,156.5
유동비율	96.6	91.3	92.7	101.3	97.5

1. **부채비율:** 2020년 고정 이후 지속적인 하락세
2. **유보율:** 2020년 바닥을 찍고 지속적인 상승세
3. **유동비율:** 100% 내외의 준수한 수준 유지 중

연간 실적

(억 원)

구분	2021	2022	2023(E)	2024(E)	2025(E)	CAGR
매출액	12,366	16,903	19,922	22,545	25,652	20%
영업이익	242	874	1,210	1,475	1,747	93%
당기순이익	244	742	1,065	1,214	1,412	80%
영업이익률	2%	5%	6%	7%	7%	52%

1. **연평균성장률**(2021~2025E)
   − 매출액 20%, 영업이익 93%, 순이익 80%
2. **영업이익률 성장률**(2021~2025E): +52%

예) 화신(010690) 목표주가 산정하기

평균 PER (2015~2025E)	2023(E) EPS	2024(E) EPS	2025(E) EPS
8.4	3,039	3,474	4,043
목표주가 (PER×EPS)	25,528	29,182	33,961

※ 목표주가 산정법의 예시일 뿐 수익을 담보하지 않음을 알려드립니다.

2. 피엔에이치테크(239890) 기업 개요

　　OLED 특허 소재 개발사업과 공동기술개발 및 양산화 사업과 OLED 원료 공급사업이 있음. OLED 특허 소재 개발사업은 고굴절 CPL은 공급하고 있으며 블루 EBL, 저굴절 CPL, 저굴절 HTL, P-Dopant 소재 등을 순차적으로 개발 중. 공동기술개발 및 양산화 사업으로 레드프라임, 레드호스트, 장수명 블루호스트 재료를 중심으로, OLED 원료 공급사업은 Pd 촉매를 중심으로 OLED 재료업체에 양산 공급함(출처: 에프앤가이드).

체크포인트
- 동사는 2018년 주력 소재인 고굴절 CPL의 국산화에 성공하며 외형 성장 지속
- 레드호스트, 블루호스트, 블루프라임 등 다양한 발광 소재 개발 및 공급
- 2022년 적용처별 매출 비중은 모바일 55%, 전장 외 36%, 기타 9%

2023년 1분기 잠정실적 발표

구분	2022년 1분기	2022년 4분기	2023년 1분기 추정	2023년 1분기 실제	추정치 대비	전년 동기 대비	전분기 대비
매출액	76.41억 원	83.09억 원	81억 원	93.57억 원	+15.51%	+22.45%	+12.61%
영업이익	5.92억 원	17.75억 원	8억 원	17.31억 원	+116.37%	+192.39%	-2.47%
세전이익	5.51억 원	42.32억 원	-	19억 원	-	+244.82%	-55.1%
당기순이익	5.51억 원	42.32억 원	8억 원	19억 원	+137.5%	+244.82%	-55.1%
영업이익률	7.75%	21.36%	9.88%	18.5%	-	-	-

- 2023년 1분기 영업이익이 시장 전망치 대비 두 배가 넘는 어닝 서프라이즈 기록
- 스마트폰 플래그십 모델이 출시되는 3~4분기의 계절적 특성을 고려하면 매출액까지 성장한 모습

아이폰 및 아이패드 패널 공급 전망

모델	사이즈(인치)	TFT	패널 공급사
iPhone 15	6.12	LTPS	SDC, BOE
iPhone 15 Plus	6.69	LTPS	SDC, BOE
iPhone 15 Pro	6.12	LTPO	SDC, LGD
iPhone 15 Pro max	6.69	LTPO	SDC, LGD
iPad Pro	11	LTPO	SDC, LGD
iPad Pro	12.9	LTPO	LGD

LG 디스플레이 중·소형 OLED 라인 현황

라인	위치	생산 능력	비고
E 6-1	파주 P9	15K	스마트폰
E 6-2	파주 P9	15K	스마트폰
E 6-3	파주 P9	15K	스마트폰
E 6-4	파주 P9	15K	태블릿 등 IT

자료: 언론 보도, 하나증권

2024년 태블릿 OLED 보급률 10%, iPad 효과

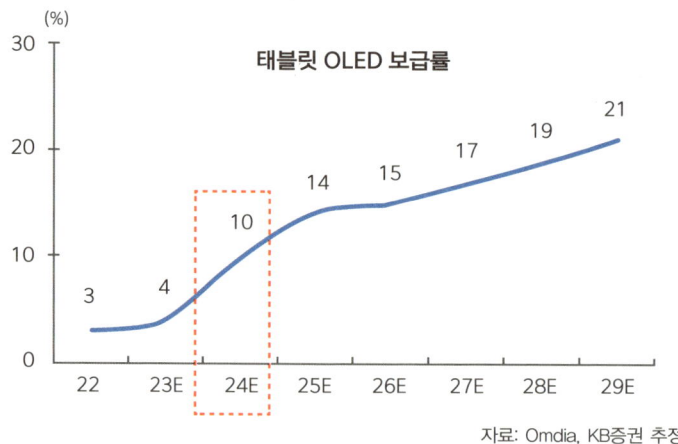

- LG 디스플레이 LTPO OLED 패널 생산 정상화
- 주요 고객사인 LG 디스플레이의 애플 점유율 상승 기대감

글로벌 태블릿 출하량

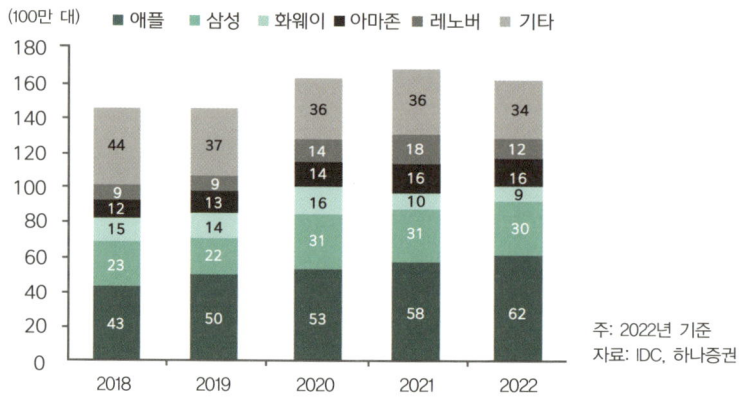

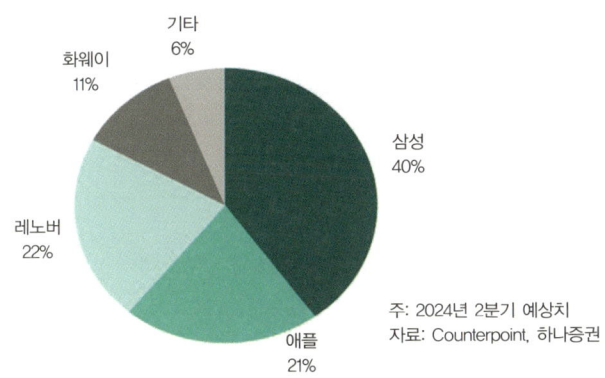

- 애플은 최근 5년간 글로벌 출하량 1위 기업
- OLED 적용 태블릿은 21%로 미비 → 성장 기회 많음

연간 실적

(억 원)

구분	2020	2021	2022	2023(E)	2024(E)	CAGR
매출액	85	241	350	466	671	68%
영업이익	−13	37	48	73	118	47%
당기순이익	−57	36	76	74	111	46%
영업이익률	−15%	15%	14%	16%	18%	5%

1. **연평균성장률(2020~2024E)**
   - 2021년 흑자전환 이후 지속적인 폭풍 성장 중
2. **영업이익률:** OLED가 개화되는 2024년 18%까지 상승

부채/자본	2018	2019	2020	2021	2022 (%)
부채비율	–	–	188.9	76.80	119.9
유보율	–	–	207.7	747.4	518.0
유동비율	28.50	20.50	109.60	176.30	149.40

1. **부채비율: 2020년 대비 크게 낮아짐**
2. **유보율: 감소했지만 500%의 양호한 수준**
3. **유동비율: 150%로 상당히 높은 수준**

예) 피엔에이치테크(239890) 목표주가 산정하기

평균 PER (2023E~2025E)	2023(E) EPS	2024(E) EPS	2025(E) EPS
20	942	1,394	1,738
목표주가 (PER×EPS)	18,840	27,880	34,760

※ 목표주가 산정법의 예시일 뿐 수익을 담보하지 않음을 알려드립니다.

3. 디오(039840) 기업 개요

동사는 1988년 설립되어 의료기기와 인공치아용 임플란트 제품을 생산·판매하는 사업을 영위함. 동사가 공급하는 주력 제품군은 임플란트, DIONavi, Digital 교정장치, 디지털 보철 솔루션 총 네 개 부문임. 치과용 임플란트 판매를 주 사업 목적으로 DIO CENTRAL EUROPE Kft.(헝가리)라는 계열사가 2023

년 2월 설립되었으며 현재 동사가 보유한 지분율은 100%임(출처: 에프앤가이드).

2023년 1분기 잠정실적 발표

구분	2022년 1분기	2022년 4분기	2023년 1분기	전년 동기 대비	전분기 대비
매출액	346.18억 원	240.22억 원	412.59억 원	+19.18%	+71.75%
영업이익	52.55억 원	-117.87억 원	101.29억 원	+92.74%	흑자전환
세전이익	50.4억 원	-323.57억 원	146.72억 원	+191.11%	흑자전환
당기순이익	24.47억 원	-261.1억 원	112.67억 원	+360.44%	흑자전환
당기순이익 지배주주지분	23.43억 원	-262.45억 원	113.05억 원	+382.5%	흑자전환
영업이익률	15.18%	49.07%	24.55%	-	-

- 2023년 1분기 영업이익은 전분기 대비 흑자전환해 실적이 턴어라운드하는 모습
- 전년 동기 매출액과 영업이익도 큰 폭으로 성장해 남은 2023년이 더 기대되는 기업

체크포인트
- 미국·중국 내 매출채권 회수 불량 거래처 정리
- 중국 영업인력 코로나19 감염으로 인한 영업 타격 등 해소
- 이란, 신흥국(멕시코, 러시아, 인도 등) 매출 성장이 전사 실적 성장 견인

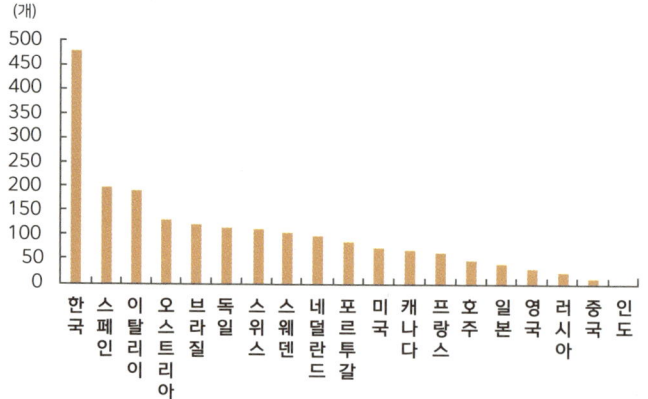

자료: MRG, 미래에셋증권 리서치센터

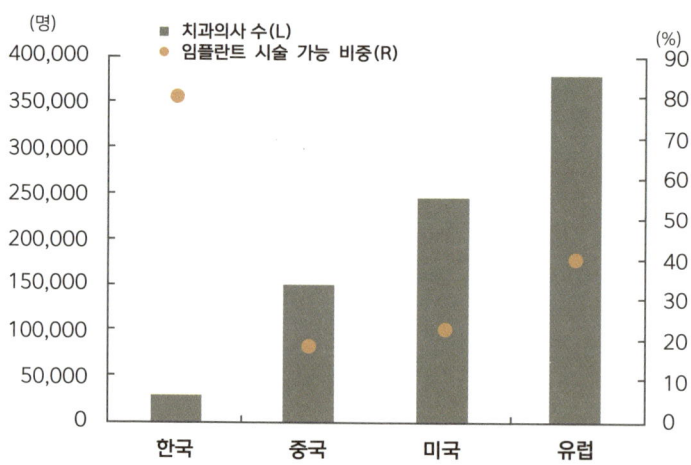

자료: 오스템임플란트, 미래에셋증권 리서치센터

- 고령화 시대에 인구가 많은 미국, 중국, 인도는 임플란트 식립 수가 현저히 감소 → 국내 기업들에게는 기회의 시장

분기별 매출액 추이 및 전망

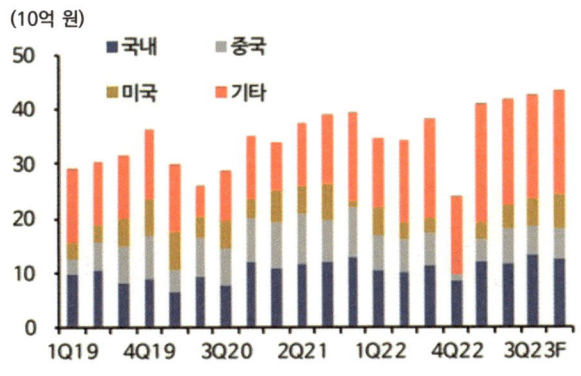

자료: 회사 자료, 신한투자증권 추정

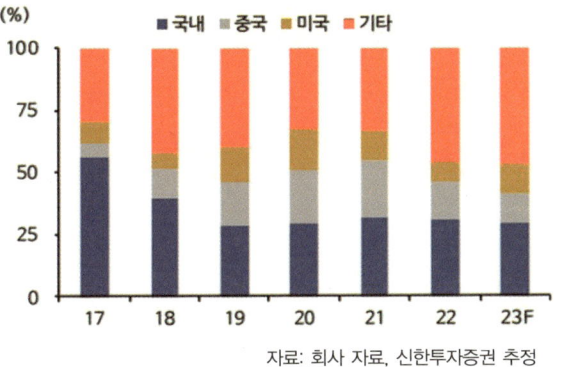

자료: 회사 자료, 신한투자증권 추정

- 2023년 2분기 VBP 시행에 따른 중국향 수출 호조 지속
- 미국 DSO향 공급 물량 확대로 수출 정상화 기대

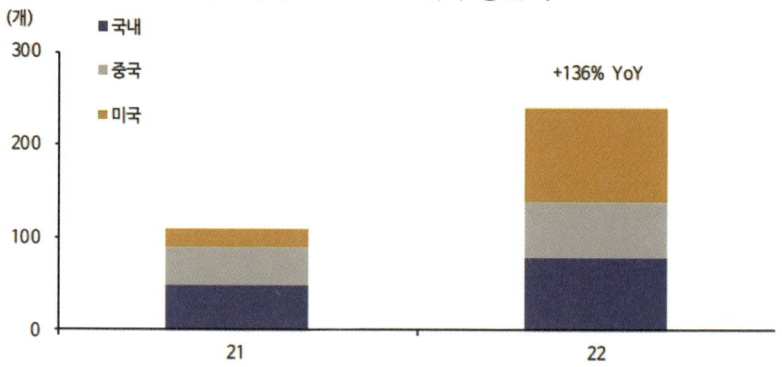

디오나비 Full Arch 계약 병원 수

자료: 회사 자료, 신한투자증권

**디오의 향후 성장 모멘텀인 미국 DSO향 매출
작년 1위 업체 계약, 상위권 업체 계약 기대**

**– 임플란트 시술 교육(2~3개월)을 마친 의사들의 숙련도
향상 → 시술 건수 증가 → 실적 성장 기대**

연간 실적

(억 원)

구분	2020	2021	2022	2023(E)	2024(E)	CAGR
매출액	1,201	1,500	1,313	1,695	2,061	14%
영업이익	300	348	-44	368	511	14%
당기순이익	114	281	-201	315	411	14%
영업이익률	25%	23%	-3%	22%	25%	2%

1. 연평균성장률(2020~2024E)
   – 2022년 역성장했지만 2023년부터 실적 턴어라운드 기대
2. 영업이익률: 20% 이상 꾸준히 유지

부채/자본	2018	2019	2020	2021	2022 (%)
부채비율	88.9	90.2	98.6	85.7	97.5
유보율	1,638.2	1,996.1	2,263.8	2,681.5	2,437.2
유동비율	168.7	147.5	138.8	143.2	113.1

1. **부채비율: 100% 이하로 양호한 수준 유지 중**
2. **유보율: 2021년부터 +2,500% 내외 수준 관리 중**
3. **유동비율: 감소세이지만 높은 수준 유지**

예) 디오(039840) 목표주가 산정하기

평균 PER (2023E~2025E)	2023(E) EPS	2024(E) EPS	2025(E) EPS
16	2,189	2,689	3,247
목표주가 (PER×EPS)	35,024	43,024	51,952

※ 목표주가 산정법의 예시일 뿐 수익을 담보하지 않음을 알려드립니다.

4. 서진시스템(178320) 기업 개요

동사는 2007년 10월 30일 주식회사 서진시스템으로 설립됨. 금속가공 기술 및 시스템 설계 역량을 바탕으로 각종 통신장비, 핸드폰, 반도체 장비 등의 함체, 구조물, 전기 구동장치 등을 제조·판매하고 있음. 동사는 종속회사를 생산 거점으로 베트남 공장 및 설비투자를 통해 자동차 부품 및 전기자동차 부품을 일부 양산하고 있으며 추가적으로 개발·양산 준비 중임(출처: 에프앤가이드).

체크포인트
- 2022년 4분기 최고 매출액 기록, 영업이익률 11%로 회복
- ESS 매출액 2020년 304억 원 → 2022년 1,898억 원, 글로벌 고객사 추가 확보
- 올해 비용이 안정을 되찾고 수익성 개선 예상, 위기 속에서 뿌린 씨앗들이 결실을 맺기 시작

주요 사업 부문별 매출 비중

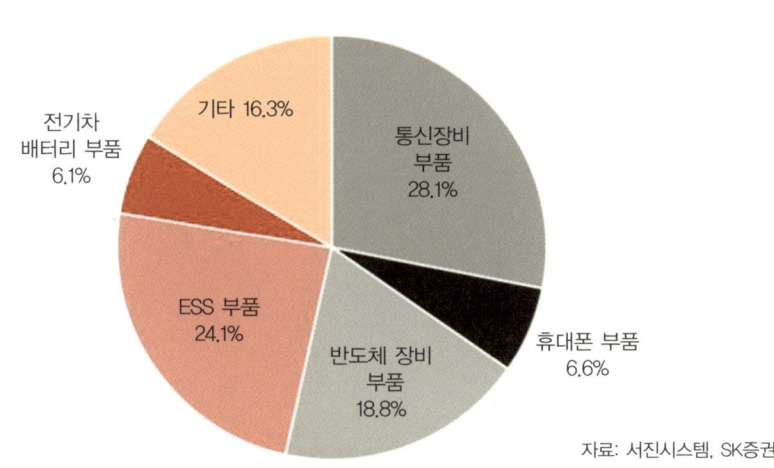

자료: 서진시스템, SK증권

최근 5년간 주요 사업 부문별 매출 비중 추이 및 전망

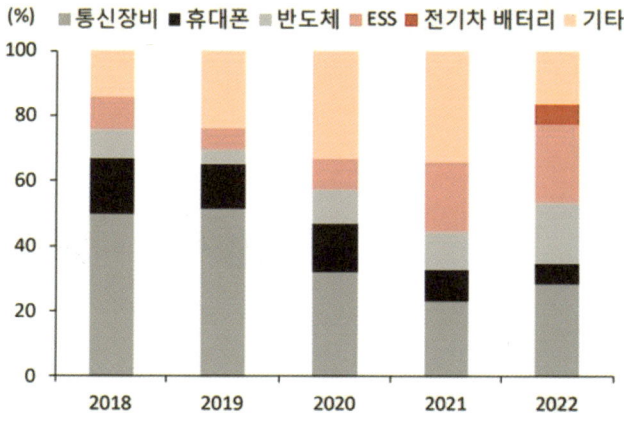

자료: 서진시스템, SK증권 추정

- 통신/반도체/ESS/전기차 배터리 부품까지 다각화
- ESS 부문 글로벌 상위 5개 업체 중 세 군데서 위탁

최근 8개 분기 실적 추이

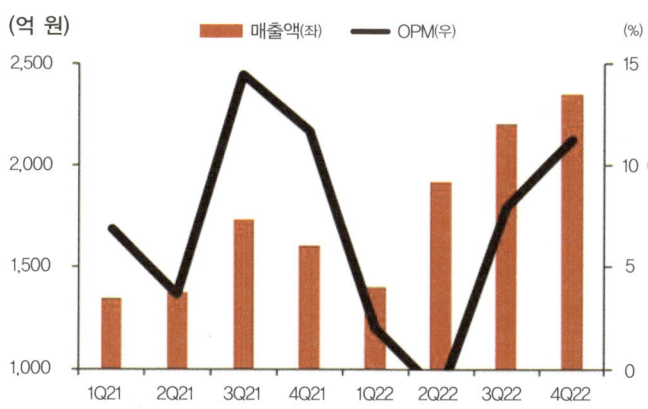

자료: 서진시스템, SK증권

올해 양산, 매출이 기대되는 전기차 배터리 부품

Pack housing

Pack housing　　　　　　　EndPlate

자료: 서진시스템, SK증권

- 2021년 3분기 이후 부진했던 실적의 지속적인 회복세
- 전기차 배터리 부품: 투자 구간 → 이익 회수기 진입

연간 실적

(억 원)

구분	2020	2021	2022	2023(E)	2024(E)	CAGR
매출액	3,219	6061	7,876	12,476	16,505	50%
영업이익	49	580	444	1,347	1,993	153%
당기순이익	-58	386	16	906	1,374	53%
영업이익률	2%	10%	6%	11%	12%	68%

1. **연평균성장률**(2020~2024E)
   - 2022년 역성장했지만 2023년부터 고속 성장세 기대
2. **영업이익률**: 2022년 부진, 2023년부터 재상승

부채/자본	2018	2019	2020	2021	2022 (%)
부채비율	97.5	111	186.1	191.5	156.7
유보율	2,296.4	2,811.6	2,572.9	3,733.7	2,771.5
유동비율	81.4	100.8	108	121.1	109.9

1. **부채비율:** 지속적인 투자에도 불구하고 하향 안정세 유지
2. **유보율:** +2,500% 넘는 수준을 꾸준히 유지 중
3. **유동비율:** 100~120%로 매우 잘 유지 중

예) 서진시스템(178320) 목표주가 산정하기

2023년 PER 제외

평균 PER (2023E~2025E)	2023(E) EPS	2024(E) EPS	2025(E) EPS
11	2,002	2,821	3,681
목표주가 (PER×EPS)	22,022	31,031	40,491

※ 목표주가 산정법의 예시일 뿐 수익을 담보하지 않음을 알려드립니다.

5. 와이엠텍(273640) 기업 개요

동사의 주요 제품은 에너지 저장장치(Energy Storage System), 전기자동차, 전기차 충전기, 태양광 인버터 등에 적용되는 직류 고전압 EV Relay임. 또한, 저전압 직류 전원을 사용하는 전동차, 정류기, 조명제어 등에 활용되는 DC Relay 및 Latch Relay도 고객에게 공급함. 2022년 결산 기준 매출은 EV Relay 97.16%, DC Relay 2.77%, 기타 0.07%로 구성됨(출처: 에프앤가이드).

(천 원)

매출유형	품목	2022년 3분기 (제19기)		2021년 (제18기)		2020년 (제17기)	
		금액	원가율	금액	원가율	금액	원가율
제품	EV Relay	19,703,948	57.89%	17,816,081	62.06%	8,139,245	51.36%
	DC Relay 등	723,660	70.67%	1,007,944	77.29%	1,016,545	85.73%
상품	기타	18,205	96.5%	17,200	105.38%	593	12.94%
	합계	20,445,813	58.29%	18,841,226	62.74%	9,156,382	53.75%

**2021년 고점을 찍고 낮아지는 원가율
낮은 원가율로 영업이익(수익성) UP**

와이엠텍의 EV Relay 제품

양방향 아크 차단 기술이 핵심

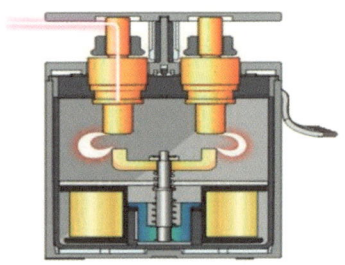

자료: 와이엠텍, NH투자증권 리서치본부

**전류 방향과 상관없이 전력을 차단할 수 있는
양방향 고전압 Relay를 세계 최초로 개발**

2021년 기준 수출이 내수를 압도

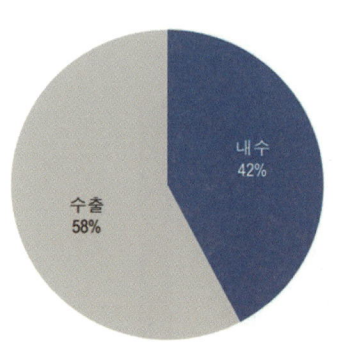

대부분의 매출은 EV Relay에서 발생(2021년 기준)

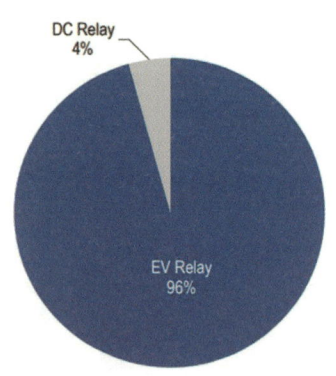

자료: 와이엠텍, NH투자증권 리서치본부

수출형 EV Relay가 전체 매출의 대부분을 차지

103

글로벌 ESS 시장 2025년 94GWh까지 성장 예상

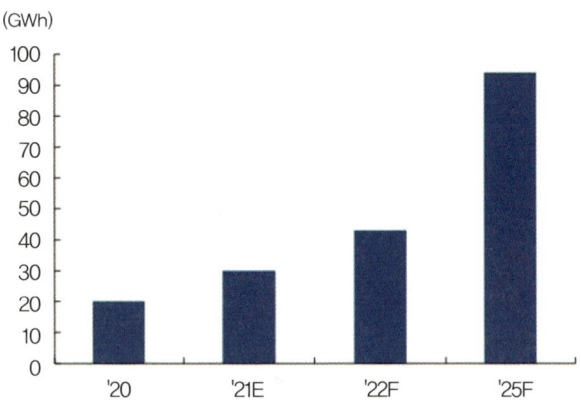

자료: SNE Research, NH투자증권 리서치본부

국내 ESS 시장 규모: 2021년 기준 1조 5천억 원으로 추정

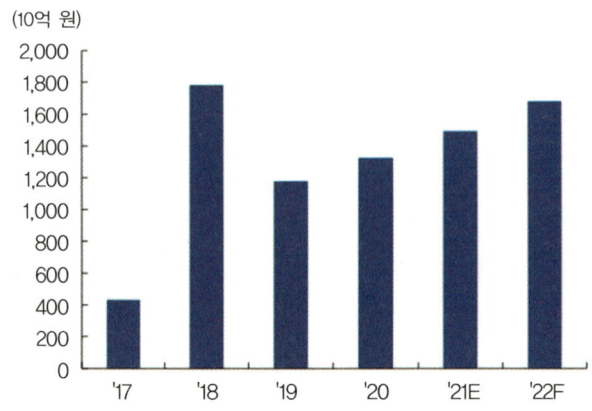

자료: SNE Research, NH투자증권 리서치본부

한국 EV Relay 시장 규모는 2020년 200억 원에서
2026년 천억 원으로 성장할 전망

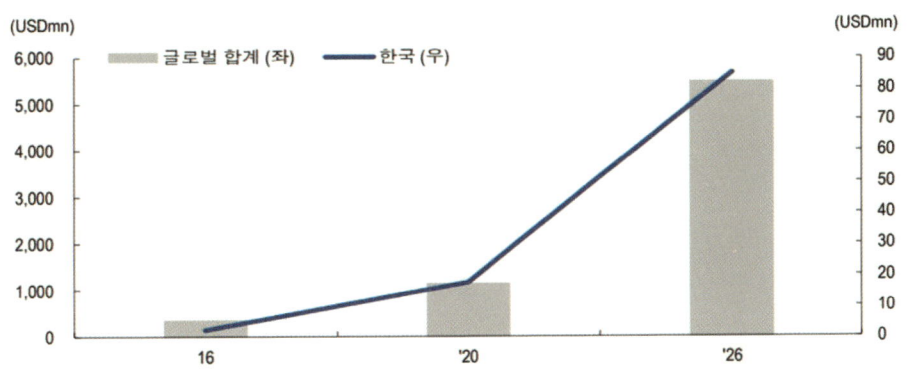

자료: QY Research, NH투자증권 리서치본부

연간 100%씩 고속 성장이 기대되는 EV Relay 시장

연간 실적

(억 원)

구분	2020	2021	2022	2023(E)	2024(E)	CAGR
매출액	170	300	493	609	793	47%
영업이익	45	70	149	173	239	51%
당기순이익	39	64	127	152	205	47%
영업이익률	26%	23%	30%	28%	30%	9%

1. **연평균성장률(2020~2024E)**
   – 매출액, 영업이익, 순이익 모두 꾸준한 성장세
2. **영업이익 성장률: +30% 부근까지 상승**

부채/자본	2019	2020	2021	2022	2023년 1분기
부채비율	9.3	10.6	6.5	7.2	15.9
유보율	819.9	972.2	1,684.5	983.9	949.1
유동비율	748	733	1,414.9	1,101	542.9

(%)

1. **부채비율: 약 16% 수준으로 사실상 무차입 경영 중**
2. **유보율: +900%대를 꾸준히 유지 중**
3. **유동비율: 낮아졌지만 상당히 높은 수준**

예) 와이엠텍(273640) 목표주가 산정하기

평균 PER (2023E~2025E)	2023(E) EPS	2024(E) EPS	2025(E) EPS
17	1,382	1,865	2,344
목표주가 (PER×EPS)	23,494	31,705	39,848

※ 목표주가 산정법의 예시일 뿐 수익을 담보하지 않음을 알려드립니다.

PART 2
기술적 분석

Chapter 01

딱 다섯 가지 '캔들'만 공부하고 주식투자를 시작하자

샛별형, 적삼병, 흑삼병 등 사실 저자도 잘 모르는 다양한 캔들이 있다. 하지만 솔직히 이런 캔들들은 주식투자를 할 때 전혀 도움이 안 된다고 생각하며 주식투자를 잘 모르는 사람들을 현혹시키는 기술이라고 생각한다.

지금부터 'Back to the Basic'으로 돌아가 딱 다섯 가지 캔들만 알아도 충분하고 이 캔들들이 어떤 상황에서 나올 때 상승 확률이 높은지 공부하는 것이 훨씬 중요하다고 생각한다. 캔들과 기술적 위치의 조합을 통해 상승 확률이 높은 '신뢰도' 높은 조건은 나중에 기술할 것이다.

우선 일봉 기준으로 설명하면 캔들은 네 가지 가격인 시가, 종가, 저가, 고가로 구성되며 이 가격을 통해 캔들 모양이 만들어지므로 매우 중요하다.

- 시가: 시초가라고도 하며 오전 9시에 최초로 거래되는 가격
- 종가: 장이 끝나는 오후 3시 30분에 마감되는 주식 가격
- 저가: 분봉, 일봉, 주봉, 월봉 기준으로 가장 낮았던 주식 가격
- 고가: 분봉, 일봉, 주봉, 월봉 기준으로 가장 높았던 주식 가격

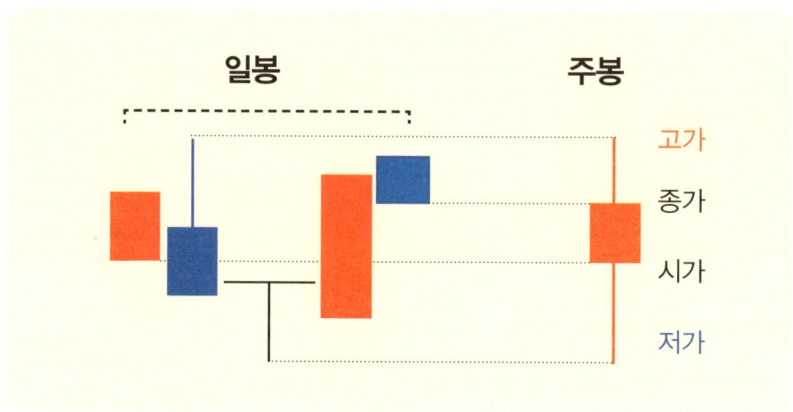

※ 주봉의 시가는 첫 거래일인 월요일(공휴일인 경우, 다음 거래일)이 되며 종가는 금요일(공휴일인 경우, 전 거래일) 오후 3시 30분 주가임. 월봉의 시가는 매월 1일(공휴일인 경우, 다음 거래일)이 되며 종가는 매월 마지막 거래일의 오후 3시 30분 주가임

지금부터 일봉 캔들 기준으로 설명드린다.

1. 양봉·음봉

빨간 '양봉' 캔들의 핵심은 종가가 시가보다 위에서 마감한다는 것이다. 반대로 종가가 시가보다 밑에서 마감하면 파란 '음봉' 캔들이 된다. 양봉·음봉 모두 저가와 고가는 일봉 기준으로 그날 가장 높았던 주가와 가장 낮았던 주가다.

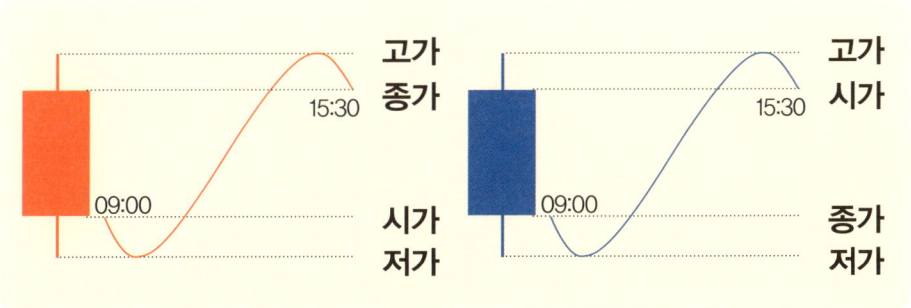

1) 여기서 중요한 것은 시가와 종가의 차이가 캔들 몸통의 크기를 결정한다는 것이다. 시가와 종가의 차이가 클수록 캔들 몸통이 큰 장대 캔들이 만들어진다.

2) 캔들 위아래의 선은 밑꼬리·윗꼬리라고 한다.

양봉 기준으로 종가와 고가의 차이가 클수록 윗꼬리는 길고 시가와 저가의 차이가 클수록 밑꼬리는 길게 나타난다. 반대로 음봉 기준으로 시가와 고가의 차이가 클수록 윗꼬리는 길게 나타나고 종가와 저가의 차이가 클수록 밑꼬리는 길게 나타난다.

2. 십자(도째)형

십자형 캔들은 매우 중요한 캔들이다. 시가와 종가의 비슷한 가격대에서 마무리되면서 양봉·음봉에서도 서술했듯이 캔들 몸통의 크기는 시가와 종가의 차이에서 결정되는데 똑같거나 비슷하게 마무리되면 아래와 같은 십자형 캔들이 만들어진다.

여기서 핵심은 매수와 매도가 팽팽히 경합한 캔들이므로 바닥권에서 나오면 상승으로 추세 전환, 고점 부근에서 나오면 하락으로 추세 전환을 암시하는 캔들이므로 매우 중요하게 챙겨봐야 한다는 것이다. 자주 서술하겠지만 캔들 한 개로 주가를 평가하기에는 분명히 한계가 있다.

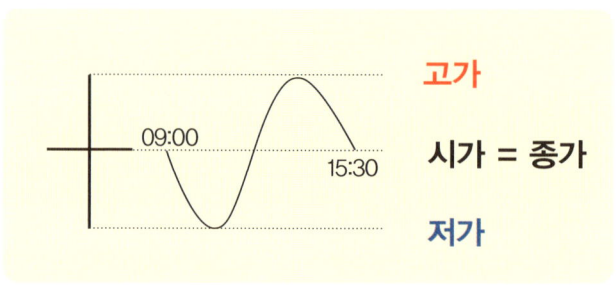

17. 초록뱀이앤엠

초록뱀이앤엠(131100) 연간 실적

(억 원)

구분	2020/06	2021/06	2022/06	2022/12
매출액	223	191	587	719
영업이익	-149	-119	-19	33

영업이익을 중점적으로 보면 2020~2022년 적자를 계속 축소하는 모습을 보여주면서 매출액도 폭발적으로 성장했고 2022년 드디어 흑자로 전환했다. 그런데 아래 일봉 차트를 보면 주가는 계속 바닥권에 있었음을 알 수 있다.

초록뱀이앤엠(131100) 일봉 차트

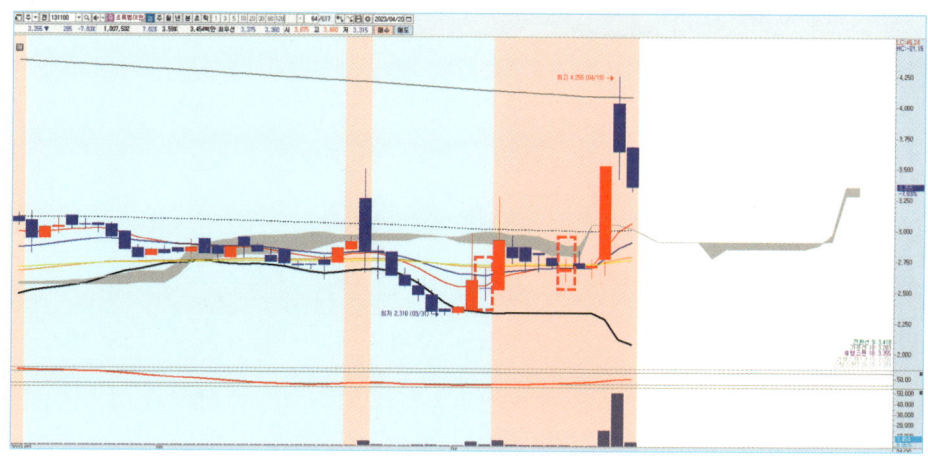

바닥권에 있던 주가는 4월 초부터 십자형 캔들이 자주 나오고 거래량이 실리면서 상한가에 들어갔다. 사실 실적에 기반해 주가가 올랐다기보다 전해액 소재 사업에 대한 레퍼런스가 부각되면서 급등한 것이다. 2022년 기준 리튬이온전지 사업 매출액은 회사 전체 매출액에서 2%도 채 되지 않았다. 그럼에도 주가는 미래에 대한 기대감과 모멘텀으로도 움직일 수 있다는 것을 포인트로 알아두어야 할 것이다.

3. 망치형 (양봉, 밑꼬리)

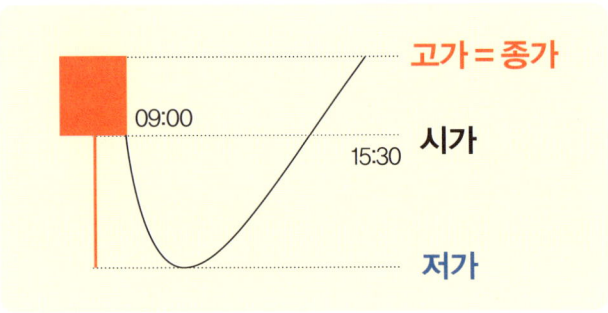

　망치형은 하락했던 주가가 반등하는 캔들이고 그만큼 상승 힘(매수세)이 강했다고 볼 수 있다. 로켓처럼 위로 올라가려는 힘을 보여주는 캔들이다. 향후 단기 이동평균선과 결합해보면 우상향 추세의 힌트가 되는 캔들이므로 반드시 기억해야 할 캔들이다. 주가가 바닥권에서 탈출하면 위로 올라갈 힘이 있는 캔들이라고 보면 된다.

18. 현대로템

현대로템(064350) 일봉 차트

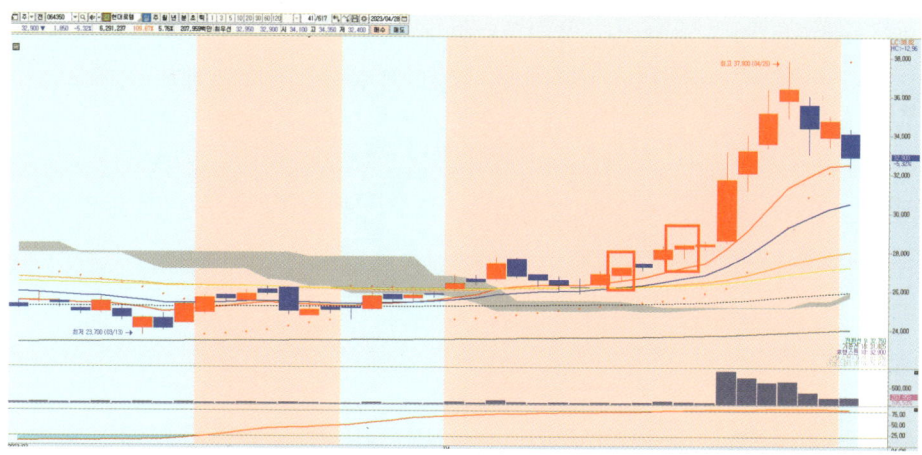

4월 11일 방향 전환의 힌트가 되는 십자형 캔들이 나왔고 4월 13일과 18일 밑꼬리가 달린 망치형 캔들이 나오고 나서 5거래일 연속으로 강한 모습을 보였다. 주가가 바닥권에서 단기 이동평균선 밑으로 내려가지 않고 망치형 캔들이 연속적으로 나와 실적이 받쳐주는 기업이라면 당연히 관심을 가지고 지켜봐야 한다.

현대로템(064350) 연간 실적

(억 원)

구 분	2018/12	2019/12	2020/12	2021/12	2022/12
매출액	24,119	24,593	27,853	28,725	31,633
영업이익	-1,962	-2,799	821	802	1,475

연간 실적 추이를 보면 두 번째 행이 매출액인데 동사는 2018~2019년 2년 연속 적자를 기록하며 볼품없었지만 2020년 흑자전환했다. 그리고 마지막 행이 영업이익인데 정체되었던 영업이익이 2022년 큰 폭으로 성장하는 실적을 보여주었고 2022년 7월부터 전체적으로 우상향 추세를 만들면서 52주 신고가를 경신하는 강한 상승세를 보여주었다. 올라온 주가를 유지하려면 매출액과 영업이익이 계속 성장하는 모습을 반드시 보여줘야 한다는 것도 잊지 말자.

4. 역망치형 (음봉, 윗꼬리)

말 그대로 망치형 캔들은 누운 캔들로 '역망치형' 캔들이라고 한다. 상승했던 주가가 하락하면서 윗꼬리가 매우 길게 달린다. 망치형 캔들의 짝을 밑꼬리+바닥이라고 한다면 역망치형 캔들의 짝은 윗꼬리+고점이라고 할 수 있다. 고점 부근에서 역망치형 캔들이 나오면 하락전환을 나타낼 수 있기 때문이다.

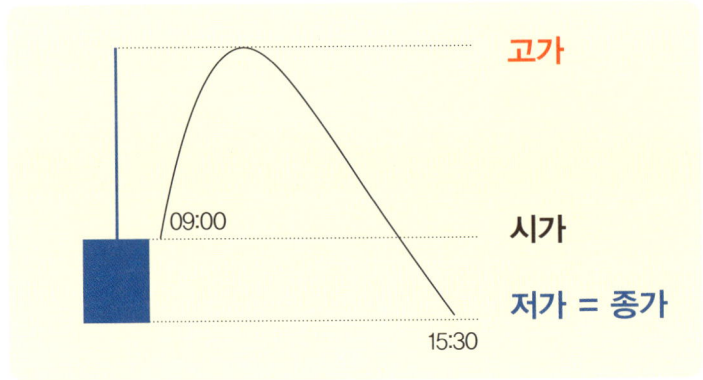

19. 에스트래픽

에스트래픽(234300) 일봉 차트

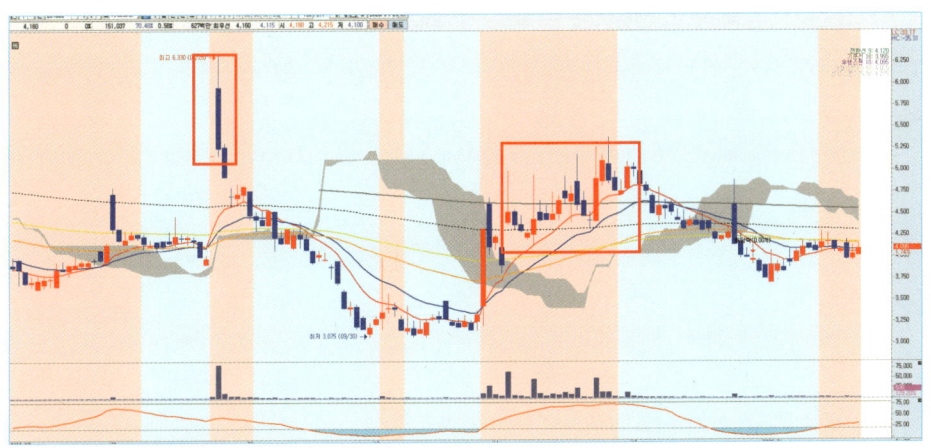

　　2022년 8월 25일 갭상승 후, 윗꼬리가 달린 역망치형 캔들이 고점 부근에서 나왔고 그 후로 9월 30일까지 계속 하락하는 모습을 보여주었다. 그리고 11월 초 단기간에 상승세를 만들었지만 11월 3일부터 윗꼬리가 계속 달린 역망치형 캔들이 단기 고점 부근에서 나오면서 주가는 다시 하락하는 모습을 보였다.

　　아무래도 개인투자자가 매우 싫어하는 캔들일 수 있지만 필자는 역망치형 캔들을 정말 선호하는 편이다. 거래량이 실리면서 매집봉(세력의 매집 흔적)으로 주가 상승을 의미하는 캔들이 될 수 있으므로 이 부분은 추후 더 상세히 기술하겠다.

총 다섯 개 캔들(양봉, 음봉, 십자형, 망치형, 역망치형)만 정확히 알아도 주식투자에 전혀 지장이 없다고 생각한다. 시가, 종가, 저가, 고가의 위치에 따라 캔들의 몸통 크기가 정해지고 캔들 색상(양봉·음봉)도 결정되며 윗꼬리, 밑꼬리도 달린다. 캔들이 어느 위치에 왔을 때 하락·상승 전환을 의미하는지에 대해서까지 기술했고 앞으로 딱 다섯 가지 캔들만 정확히 정복하면 된다.

Chapter 02

거래량은 주가의 선행지표이자 상승 힌트를 알려주는 핵심지표다

다음과 같이 거래량은 기술적 분석의 근간이자 주가 흐름을 예측하게 해주는 매우 중요한 힌트가 된다. 매수자와 매도자의 거래량을 통해 시가, 종가, 저가, 고가가 만들어지고 이를 캔들이라고 한다. 캔들을 통해 패턴이 만들어지고 그 외에 이동평균선, 보조지표의 근거 데이터가 되므로 핵심 중 핵심이라고 할 수 있다.

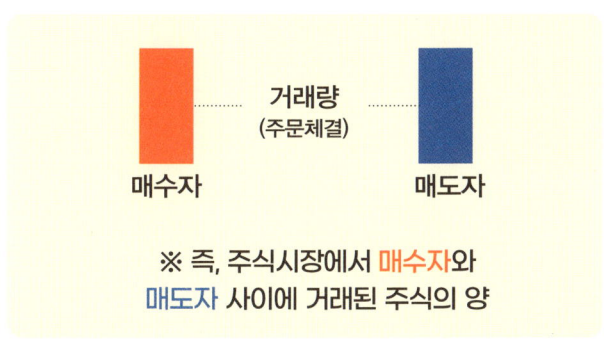

1. 거래량의 특징

- 주가와 거래량은 '비례'
- 종목에 대한 '관심도'
- 주가의 '선행' 지표

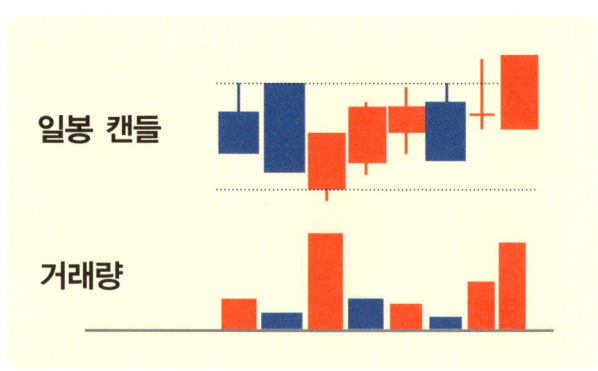

2. 거래량이 중요한 이유

- 거래량이 '주가'를 결정
- 캔들의 형태(몸통 크기, 윗꼬리, 밑꼬리 등) 결정
- '이동평균선, 보조지표'에 지대한 영향

3. 주가 상승의 힌트!
매집봉(=역망치형 캔들, 십자형 캔들)의 조건

- 전일 대비 거래량 500% 이상 증가
- 지지선·바닥 부근에서 나타나면 신뢰도가 높음
- 캔들 모양이 역망치형 또는 십자형일수록 신뢰도가 높음
- 역망치형 캔들이라면 캔들 몸통의 크기가 윗꼬리보다 작을수록 신뢰도가 높음

필옵틱스(161580) 연간 실적

(억 원)

구 분	2019/12	2020/12	2021/12	2022/12(P)
매출액	1,404	1,889	2,308	3,040
영업이익	-149	18	-105	177

매출액은 2019년부터 꾸준히 성장하는 모습이고 영업이익은 상당히 들쭉날쭉한 모습이지만 2022년 연간 영업이익이 세 자리 수 흑자를 기록하면서 실적 성장에 따라 주가도 상승 추세를 계속 만들어가고 있다.

동사는 디스플레이 장비를 공급하는 동시에 필에너지라는 자회사를 통해 2차전지 섹터 사업도 진행하고 있다. 실적만으로 추론하면 2차전지 사업 진출을 위해 초기 투자비용이 있었을 것이고 그로 인해 매출액은 계속 성장했지만 투자지출 → 이익 회수기에 도래하지 못했지만 2022년 훌륭한 수익을 올렸다는 것을 실적에서 확인할 수 있다.

20. 필옵틱스

필옵틱스(161580) 일봉 차트

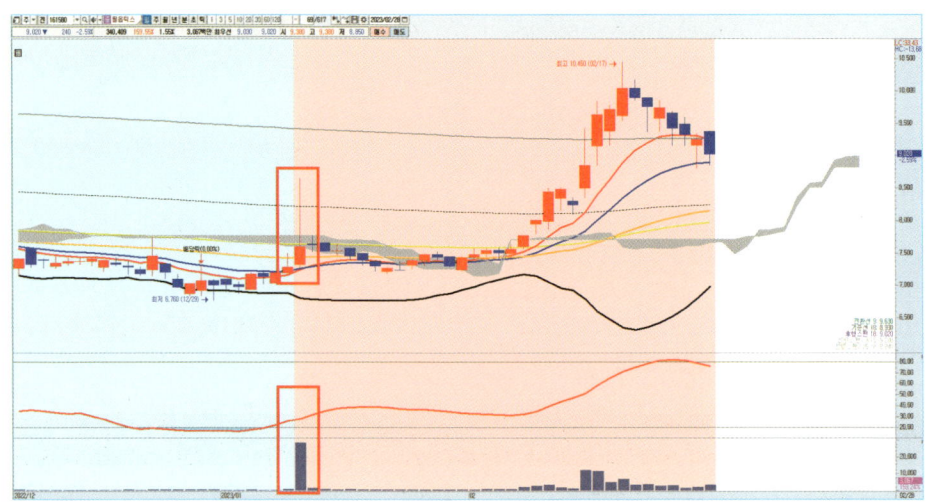

　1월 10일 매우 큰 거래량이 터졌다. 전일 대비 거래량은 4,000% 이상 늘었고 매집봉의 조건이라고 할 수 있는 전일 대비 거래량도 500% 이상 부합되었다. 두 번째 조건인 바닥권에서 매집봉이 나왔고 몸통의 크기가 윗꼬리보다 작아야 한다는 조건에도 부합했으며 캔들 모양도 역망치형임을 확인할 수 있다. 이처럼 거래량(매집봉)을 통해 활용하는 여러 가지 투자기법을 다룰 것이니 반드시 숙지하고 이해하기 바란다.

딱 다섯 가지 '캔들 패턴'만
공부하고 주식투자를 시작하자

1. 다중 바닥형

　주식시장 격언 중에 '바닥을 많이 확인할수록 신뢰도가 높다'라는 말이 있다. 다중 바닥형은 이중 바닥형, 삼중 바닥형 두 가지 위주로 보면 된다. 추가로 '신뢰도가 높다'라는 표현을 이번 캔들 패턴 편에서 많이 설명할 예정이다. '신뢰도'는 패턴이 만들어지는 과정에서 특정 조건에 부합하면 주가가 상승할 확률이 높다는 뜻으로 이해하면 된다.

2. 이중 바닥형

쌍바닥 또는 W 패턴이라고도 한다. 핵심은 두 번째 바닥이 왼쪽 바닥보다 높게 형성되고 전고점을 돌파할 때 강한 상승(장대 양봉)이 나와준다면 계속 우상향 추세를 만들어갈 수 있다는 것이다.

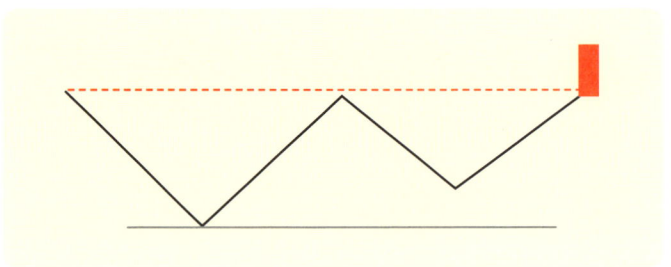

21. 슈프리마

슈프리마(236200) 일봉 차트

2022년 6월 23일 첫 번째 바닥을 만들고 7월 중순 전저점보다 높은 곳에서 두 번째 바닥을 만들었다. 이중 바닥형 상승 패턴을 완성시키고 7월 20일 전일 대비 1,672% 증가한 거래량이 터지면서 등락은 있었지만 11월 8일 28,700원까지 상승했다. 7월 20일에도 전일 대비 780% 증가한 거래량(매집봉)이 실렸다.

패턴을 완성시키고 나서 3개월 반 동안 거래량이 늘면서 주가는 계속 우상향했다. 캔들 패턴(기술적) 분석을 통해 시세가 빠르게 날 수 있는 위치를 패턴으로 파악할 수 있다는 것이다.

슈프리마(236200) 연간 실적

(억 원)

구분	2020/12	2021/12	2022/12
매출액	578	726	894
영업이익	106	162	179

실적을 보면 더 자신감 있게 공략할 수 있었을 것이다. 2020년 실적이 바닥을 찍고 2021~2022년 매출액과 영업이익이 꾸준히 성장했다. 2022년 1분기 영업이익이 매우 낮은 수치를 기록했음에도 2~4분기 호실적을 보여주면서 주가도 반등세를 보여줄 수 있었다.

3. 삼중 바닥형

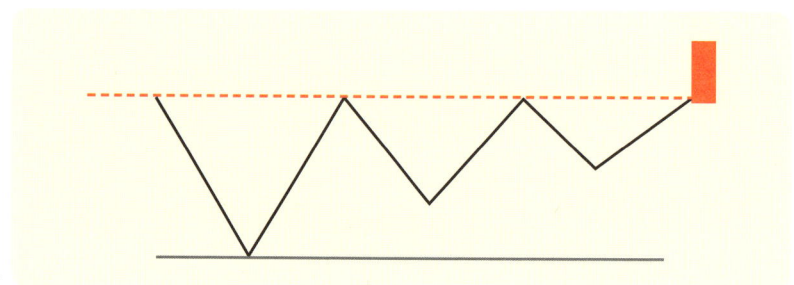

Three 바닥이라고도 한다. 핵심은 두 번째 바닥이 첫 번째 바닥보다 높게 형성되고 세 번째 바닥이 두 번째 바닥보다 높게 형성되어야 신뢰도가 높다는 것이다. 이중 바닥형과 마찬가지로 전고점을 돌파할 때 강한 상승(장대 양봉)이 나와준다면 계속 우상향 추세를 만들어갈 수 있다.

22. 아모그린텍

아모그린텍(125210) 연간 실적

(억 원)

구분	2020/12	2021/12	2022/12
매출액	1,118	1,221	1,421
영업이익	16	18	88

2020~2021년 매출액의 외형성장과 영업이익의 수익성이 크게 성장하진 못한 모습이었다. 하지만 2022년부터 매출액과 영업이익이 달라지기 시작했다. 매출액도 성장했지만 정말 중요하게 보아야 할 것은 바로 영업이익이다. 전년 동기 대비 400% 넘게 성장하는 모습을 보여주었다는 것이 핵심이다.

아모그린텍(125210) 일봉 차트

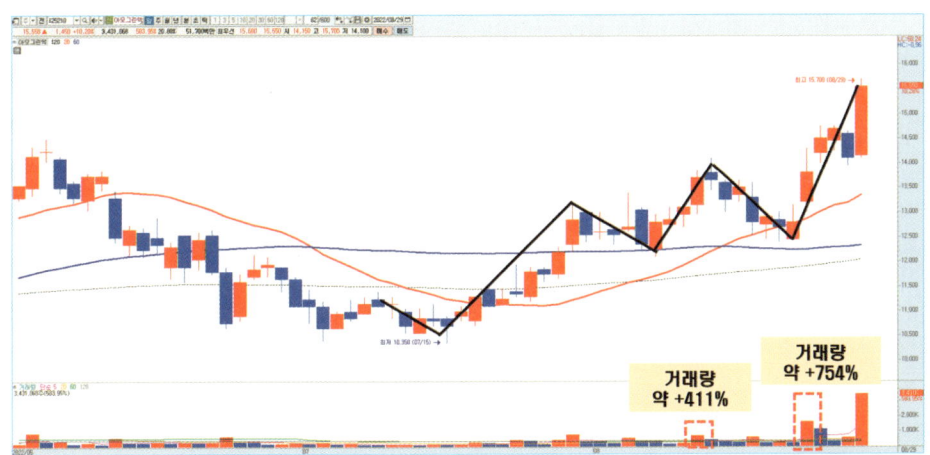

　2022년 7월 15일 하락을 멈추면서 반등하는 첫 번째 바닥이 나왔고 이후 거래량이 점진적으로 증가하는 모습이었다. 8월 5일 두 번째 바닥이 나왔고 전저점보다 높은 곳에서 두 번째 저점을 만들면서 신뢰도를 높여주었다. 세 번째 저점은 두 번째 저점과 비슷한 곳에서 만들어졌지만 두 번째 저점보다 분명히 높은 곳에서 만들어졌고 최근 평균거래량을 넘어서는 폭발적인 거래량이 8월 23일(전일 대비 754%) 터지면서 주가는 단기간에 빠르게 상승하는 모습을 보였다.

4. 역헤드앤숄더

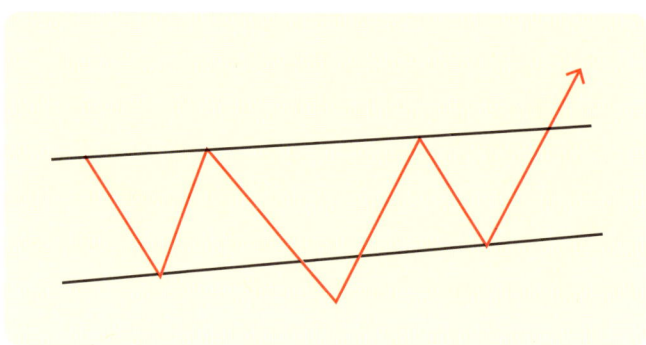

첫 번째 바닥이 왼쪽 어깨, 가운데가 머리, 마지막이 오른쪽 어깨가 된다. 여기서 신뢰도는 오른쪽 어깨가 왼쪽 어깨보다 높은 곳에서 형성되어야 한다는 것이다. 왼쪽 어깨를 제외하면 사실 최근 저점이 전저점보다 높은 곳에서 만들어지는 이중 바닥형 패턴과 동일하다.

역헤드앤숄더의 경우, 우상향 추세를 만들어가다가 일시적인 과도한 하락으로 머리가 만들어지는 것이 특징이다. 전저점을 이탈했기 때문에 신뢰도가 무너졌다고 할 수도 있겠지만 전체적인 추세를 오른쪽 어깨가 가장 높은 곳에서 세 번째 저점을 만들어줌으로써 신뢰도를 다시 높여준 캔들 패턴이라고 볼 수 있다.

실적이 큰 폭으로 성장하는 기업은 일시적인 투매와 급락이 있을 수는 있지만 결국 우상향하는 모습을 보여주므로 반드시 기술적 분석과 실적 분석을 함께 해야 우량한 기업을 너무 빨리 팔아버리는 우를 범하지 않을 것이다.

23. 상신이디피

상신이디피(091580) 일봉 차트

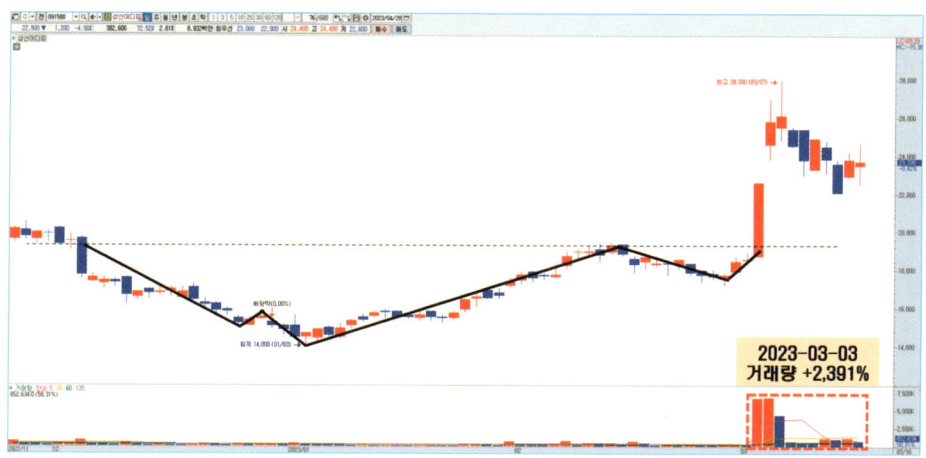

상신이디피는 삼성SDI에 배터리 캡을 공급하는 회사로 2차전지 섹터 내 원통형 배터리의 성장성이 지속적으로 대두되었고 2023년 3월 초 대량의 수급이 쏠리면서 역헤드앤숄더 패턴을 완성시켰다. 그리고 3월 3일에는 전일 대비 거래량이 2,391%나 폭증하며 주가도 3거래일 만에 폭발적인 슈팅이 나왔다.

상신이디피(091580) 연간 실적

(억 원)

구분	2020/12	2021/12	2022/12
매출액	1,517	1,975	2,908
영업이익	195	197	328

실적도 함께 살펴보면 2020~2021년 매출액은 30% 내외 성장했지만 매우 중요한 수익성 지표인 영업이익은 정체되어 있다. 그런데 2022년 매출액

은 50% 가까운 성장을 다시 해냈고 수익성까지 챙기는 한 해가 되었다. 영업이익이 2021년 대비 50% 이상 성장해 역헤드앤숄더 패턴을 완성시키고 주가도 급등하는 모습을 보여줄 수 있었다.

필자는 실전에서는 별로 사용하지 않는다. ① N자형 패턴이 나오고 ② 이중 바닥 패턴이 나오고 역헤드앤숄더의 변형이라고 할 수 있는 ③ 삼중 바닥형 패턴 순으로 나와준다면 결국 이 세 가지 과정이 역헤드앤숄더를 만드는 과정이기 때문이다. 그리고 패턴을 완성할 때까지 시간이 좀 더 걸리는 단점도 있다.

5. N자형

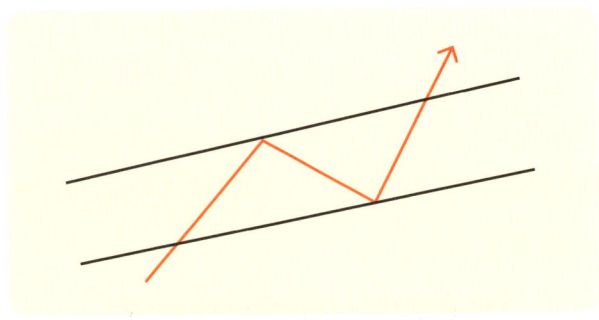

N자형 패턴은 다중 바닥, 역헤드앤숄더의 근간인 패턴이자 시간적으로도 단기간에 가장 빠르게 패턴을 완성시킬 수 있는 상승형 패턴이므로 매우 중요하다.

24. HD현대건설기계

HD현대건설기계(267270) 연간 실적

(억 원)

구분	2018/12	2019/12	2020/12	2021/12	2022/12
매출액	32,339	28,521	23,905	32,843	35,156
영업이익	2,087	1,578	874	1,607	1,706

연간 실적을 살펴보면 2018년 호황기를 누리면서 사상 최대 실적을 기록한 이후 코로나 타격을 받으면서 2020년까지 실적이 둔화, 역성장하는 모습을 보였다. 가장 안 좋은 케이스가 매출액과 영업이익 모두 후퇴하는 것인데 2년의 암흑기를 거친 기업이다.

하지만 2021년부터 경기부양을 위해 각국 정부가 인프라 투자를 지원하기 시작하고 부동산 경기도 살아나면서 이연되었던 투자까지 살아나며 실적도 회복되기 시작했다. 2022년 매출액은 10%, 영업이익은 플랫한 흐름을 보여줘 아쉬움이 있었다.

HD현대건설기계(267270) 분기 실적

(억 원)

구분	2021/12	2022/03	2022/06	2022/09	2022/12	2023/03(P)
매출액	7,572	9,324	8,751	8,748	8,334	10,183
영업이익	-160	467	367	630	241	800

2023년 1분기 매출액은 사상 처음 1조 원을 달성했고 영업이익도 사상 최대 분기 스코어를 기록했다. 연간 실적 추이도 중요하지만 분기별 실적 추이도 매우 중요하니 전년 동기(YoY) 대비, 전 분기(QoQ) 대비 실적을 챙겨보는 것도 중요하다(동사의 매출액은 전년 동기 대비 9.21%, 전 분기 대비 22.18% 성장했으며 영업이익은 전년 동기 대비 71.3%, 전 분기 대비 231.95% 실적 성장을 이루어냈다).

HD현대건설기계(267270) 일봉 차트

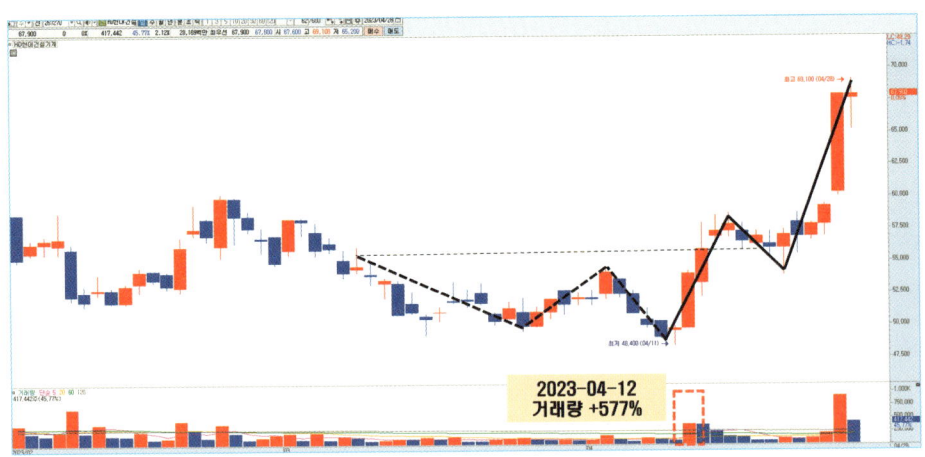

　2022년 4월 11일 바닥을 찍고 다음 날 거래량이 전일 대비 577% 이상 나오면서 주가는 반등하기 시작했다. 이후 3거래일 동안 상승세를 유지하다가 완만한 가격조정이 나오면서 바닥을 형성했고 2023년 1분기 호실적 발표가 나오면서 주가는 강한 상승세를 보여주었다. 이것이 실적 분석과 기술적 분석을 함께 공부해야 하는 이유다.

　N자형 패턴은 다중 바닥형과 역헤드앤숄더의 근간인 패턴이라고 말했듯이 N자형 이전 점선을 보면 전저점보다 높은 곳에서 두 번째 저점을 만든 이중바닥(W 패턴) 모습을 확인할 수 있다. 이중 바닥형 패턴의 왼쪽으로 가보면 헤드앤숄더 왼쪽 어깨가 있다는 것을 확인할 수 있고 이중 바닥형+N자형 패턴을 결합하면 오른쪽 어깨가 왼쪽 어깨보다 높은, 신뢰도 높은 역헤드앤숄더 패턴을 확인할 수 있다. 이처럼 N자형 패턴은 완성시키는 시간도 짧고 단기간에 시세를 분출할 수 있는 종목이므로 반드시 관심을 가지고 챙겨봐야 하는 패턴이라고 다시 한번 강조한다.

상승 확률이 높은 '상승형 삼각 수렴' 패턴은 곧 돈이다

필자가 가장 선호하는 패턴으로 상승 확률이 높은 패턴이자 패턴을 완성시키는 구간에서 상승 슈팅이 나올 수 있는 상당히 매력적인 패턴이다.

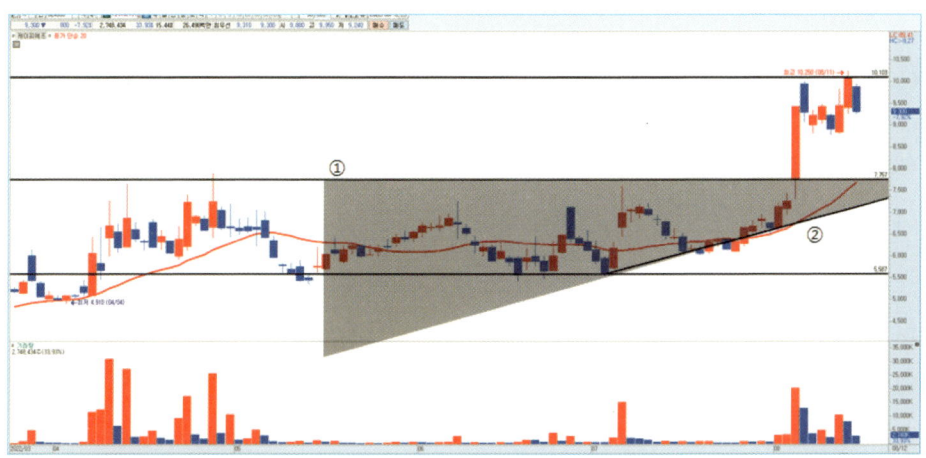

* 상승형 삼각 수렴 패턴의 조건
  1. 고점(저항선)은 그대로
  2. 저점(지지선)은 높아지면서
  3. (패턴을 만드는 과정) 매집봉, 캔들, 패턴 확인

25. 나무가

나무가(190510) 연간 실적

(억 원)

구분	2018/12	2019/12	2020/12	2021/12	2022/12
매출액	3,111	3,621	5,118	5,029	5,193
영업이익	39	27	-23	230	324

 2022년 6월 3일 코스닥 지수 종가는 891.51P였고 6월 23일 714.38P까지 불과 13영업일 만에 −20% 가까이 하락했다. 그리고 8월 17일까지 베어마켓 랠리(약세장에서 10% 지수가 반등 시)로 8월 16일까지 꾸준히 우상향하면서 종가 기준 834.74P로 마감했다.

 일반적으로 개별기업은 지수 하락보다 더 크게 하락하는 경우가 많으며 지수보다 두 배 이상 하락하는 기업도 있다(예: 지수가 10% 하락 시 개별기업은 20% 가까이 하락). 실적이 뛰어나고 월등한 기업이 지수 하락 과정에서 지수 대비 얼마나 하락했고 지수 반등 시 얼마나 더 상승했는지 실전 사례를 통해 확인해보자. 실적부터 확인하면 2020년 영업이익은 −23억 원으로 적자기업이었다. 하지만 2021년 230억 원으로 완벽히 흑자전환했으며 2022년 연간 영업이익은 전년 동기 대비 41%라는 큰 폭의 성장을 이루어냈다.

2020년 적자 요인으로 두 가지를 꼽을 수 있다. 첫째, 코로나 발발로 전방 업체의 스마트폰 판매량이 부진했고 둘째, 글로벌 스마트폰 제조사에 카메라를 공급하는 회사이지만 플래그십 또는 프리미엄 라인군에 고화소 제품을 공급하지 못하고 보급형 제품에 저화소 제품을 공급한 것이다.

즉, 마진율(=영업이익률, 제품 한 개를 팔아 남는 영업이익)이 좋지 못했고 판매량까지 역성장하면서 2020년 회사는 큰 타격을 받았다. 하지만 2021년 흑자전환이 가능했던 것은 보급형 스마트폰의 스펙(spec)이 향상되면서 고화소 카메라를 탑재하기 시작했기 때문이다. 여기에 주요 고객사인 S사가 경쟁사인 A사보다 프리미엄 라인군에서 고전해 수익성이 약했지만 보급형 스마트폰 분야에서 우위를 점한 덕분에 판매량 기준 글로벌 1위의 시장지배력을 가지고 있었다.

결국 고마진 제품인 고화소 카메라가 보급형 스마트폰에 들어가면서 판매 단가가 높아져 수익성이 현격히 좋아졌고 보급형 판매량 1위 고객사를 두고 있어 P(가격)와 Q(수량) 두 가지 모두 높아지면서 수익성과 외형 성장을 동시에 달성할 수 있었다.

지분 구조를 보면서 관계사 실적도 챙겨보자

지분 관계를 보면 그룹사 모두 실적이 좋아지고 있다는 것을 확인할 수 있다. 나무가의 최대주주는 삼성전자에 지문인식 모듈을 공급하는 드림텍이며 드림텍의 최대주주는 반도체 유통 솔루션업을 영위하는 유니퀘스트다. 3개사 모두 실적이 계속 성장 중인 것을 확인할 수 있다.

드림텍(190510) 연간 실적

(억 원)

구분	2018/12	2019/12	2020/12	2021/12	2022/12
매출액	6,015	5,597	9,547	12,316	13,686
영업이익	424	305	286	961	967

2021년 전년 동기 대비 큰 폭으로 매출액과 영업이익이 성장했고 매출액은 다양한 신규 사업 진출을 통해 1조 원 클럽에 가입했다.

유니퀘스트(190510) 연간 실적

(억 원)

구분	2018/12	2019/12	2020/12	2021/12	2022/12
매출액	2,656	3,353	4,028	5,910	7,395
영업이익	72	69	90	245	409

2021년 전년 동기 대비 큰 폭의 실적 성장을 이루어냈고 2022년까지도 매출액과 영업이익이 폭발적으로 계속 성장한 것을 확인할 수 있다.

나무가(190510) 일봉 차트

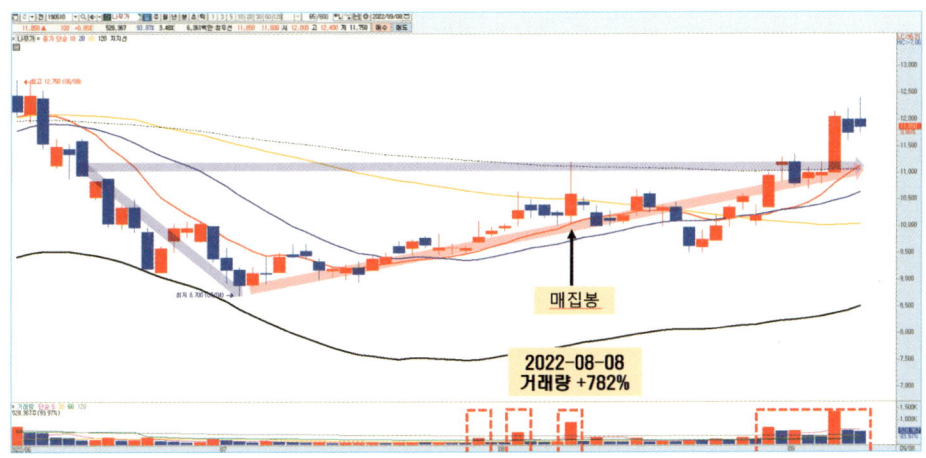

    2022년 7월 4일 단기 바닥을 찍은 이후 우상향 추세를 만들며 올라가는 차트 흐름을 보여주고 있다. 빨간색 화살표를 유심히 살펴보면 매집봉과 두 가지 패턴의 흔적들을 확인할 수 있다.

    매집봉은 2022년 7월 28일에는 전일 대비 716%, 8월 2일에는 632%, 8월 8일에는 782% 거래량이 실려주면서 주가 상승의 모티브를 계속 주었다. 패턴은 이중 바닥과 N자형 패턴임을 확인할 수 있다. 이중 바닥의 경우, 8월 23일에 전저점보다 높은 두 번째 저점을 만들면서 신뢰도를 높여주었고 상승 추세가 시작된 7월 4일 이후 이중 바닥형 캔들과 동일하게 조정 파동이 나온 후 직전 고점을 돌파하면서 N자형 패턴까지 완성했다.

    저점을 높이는 우상향 추세를 만드는 과정에서 매집봉이 여러 번 나와주면서 거래량이 늘어나는 모습을 보여주었고 N자형, 이중 바닥형 캔들 패턴이 마무리되는 시점에 '상승형 삼각 수렴' 패턴까지 완성되면서 2023년 2월 3일 주가는 19,940원까지 오르며 100% 가까운 상승을 보였다. 실적도 성장하는 기업이지만 매집봉과 다양한 패턴을 한 번에 완성시키면서 큰 폭의 주가 상승이 나올 수 있었다.

26. 뉴프렉스

뉴프렉스(085670) 일봉 차트

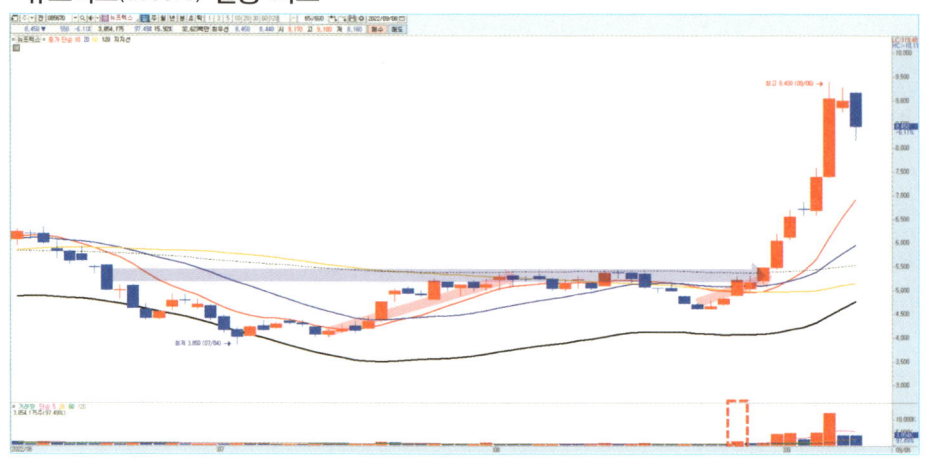

지수가 급락하면서 7월 4일 단기 바닥을 만든 후 상승 추세를 만들었지만 직전 고점을 강하게 돌파하지 못하는 모습이었다. 7월 20일부터 8월 17일까지는 계속 횡보하는 모습이었고 오히려 이후 4거래일 연속 하락이 나왔지만 7월 4일에 만들어진 저점보다 높은 곳에서 저점을 만들며 빠른 주가 되돌림이 나왔다. 8월 26일에는 전일 대비 거래량이 701%나 터지면서 이후 단기간에 매우 빠른 슈팅이 나와주었다.

전체적인 흐름을 보면 크게 상승형 삼각 수렴 패턴을 만들었고 상승 과정에서 신뢰도 높은 이중 바닥형 캔들 패턴과 매집봉이 나왔고 그 후로 주가가 폭등하는 모습을 보였다. 실적도 워낙 좋았고 애플의 XR/AR 신규 모델 출시 기대감에 해당 사업을 영위하는 뉴프렉스 기업의 주가가 단기간에 100% 넘는 강한 상승 흐름을 보여주었다.

뉴프렉스(085670) 연간 실적

(억 원)

구분	2018/12	2019/12	2020/12	2021/12	2022/12
매출액	1,955	1,283	1,486	1,717	2,603
영업이익	106	-100	-98	15	179

연간 실적 추이를 살펴보면 2019~2020년 2년 연속 적자를 기록했지만 2021년 매출액이 다시 성장하고 영업이익도 15억 원 흑자전환했다. 게다가 2022년에는 영업이익이 전년 동기 대비 무려 열 배가 넘는 실적 성장을 이루었고 매출액도 전년 동기 대비 52% 성장하면서 외형 성장도 이루어냈다. 실적이 뒷받침되면서 모멘텀까지 붙어주는 기업들의 주가가 강하게 오르는 좋은 예다.

27. LS

LS(006260) 일봉 차트

    LS는 LS그룹 지주회사다. 첫 번째 상승형 삼각 수렴 패턴은 2022년 9월 30일 55,500원에서 단기 바닥을 잡았고 10월 7일 전일 대비 472% 거래량이 실렸다. 약 10일 이상의 횡보 기간을 거친 후 11월 30일 76,700원까지 다시 상승하는 모습을 보여주었다.

    두 번째 상승형 삼각 수렴 패턴은 12월 말부터라고 할 수 있다. 당시 동사의 주가는 72,000~75,000원 밴드에서 움직였지만 2023년 1월 6일 66,100원까지 하락했다가 2022년 12월 말에 형성된 주가를 회복하지 못하고 있었다. 2023년 1분기 주가 흐름을 살펴보면 등락이 있었고 그 가운데서 저점을 높이며 신뢰도 높은 다중 바닥형 패턴을 만들고 있었다. 지지선이 높아지는 과정에서 평균거래량보다 높은 매집봉이 다수 나타나기 시작했다. 2023년 4월 19일 주가는 10만 원을 돌파하며 52주 신고가를 경신했다.

LS(006260) 연간 실적

(억 원)

구분	2020/12	2021/12	2022/12	2023/12(E)
매출액	104,443	128,293	174,913	250,320
영업이익	3,366	4,701	5,616	8,442

2020~2022년 3년간 매출액과 영업이익이 단 한 번도 역성장하지 않은 훌륭한 기업이다. 대형주임에도 2022년 매출액은 전년 동기 대비 36.7%, 영업이익은 19.5%로 외형 성장을 이루고 있는 기업이다.

◆ **지주회사는 투자를 지양해야 할까?**

국내 주식시장에서 지주회사가 제대로 평가받지 못하는 경우가 많다.

첫째, 지주회사의 수익구조가 계열사로부터 회사 브랜드 사용료와 로열티를 취하는 구조가 많기 때문이다. 즉, 지주회사의 특성상 자체 사업을 영위하지 않는 경우가 많아 기업가치를 제대로 평가받지 못하는 경우가 많은 것이다. 회계법상 지배력을 행사하는 계열사의 실적까지 포함해 재무제표를 작성해야 하는데 이를 '연결재무제표'라고 하며 결국 계열사의 실적에 좌우될 수 있으므로 지주회사+본업이 있다면 매력적인 기업으로 평가받을 수 있을 것이다. LS의 경우, 그룹 차원에서 전기차 인프라 사업을 추진하고 있어 타 지주회사보다 시장에서 좋은 모습을 보여주고 있는 것이다.

둘째, 지주회사가 지배력을 행사하는 계열사가 상장되어 있다면 더블 카운팅(Double Counting) 이슈가 존재한다. 지주회사만의 본업이 없다면 보유 중인 기업의 주식가치에 대한 평가가 무엇보다 중요하다. 보유 지분의 가치가 곧 지주회사의 주가를 평가하는 유일한 척도이기 때문이다. LS도 마찬가지다. 주요 핵심 계열사는 LS전선과 LS ELECTRIC(010120)이다. LS ELECTRIC은 상장사여서 더블 카운팅 이슈가 있지만 LS전선은 K-OTC(장외 주식)에 있다 보니 상대적으로 더블 카운팅 이슈에서 자유로울 수 있었고 LS그룹 차원에서 진행되는 전기차 충전소 인프라 사업도 주가를 끌어올리는 모멘텀이 될 수 있었다.

Chapter 05

36계 줄행랑, 피해야 할 두 가지 패턴

상승 패턴의 반대 경우는 하락 패턴이다. 다중 바닥형은 상승 패턴이지만 다중 천장형은 하락 패턴이고 역헤드앤숄더는 상승 패턴이지만 헤드앤숄더는 하락 패턴이다.

1. 다중 천장형

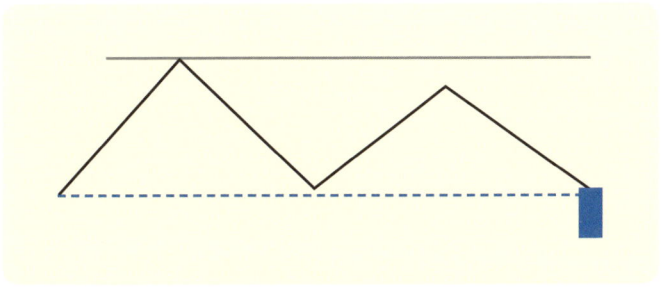

신뢰도 면에서 다중 바닥형은 저점을 전저점보다 높게 형성하면 신뢰도가 높지만 다중 천장형은 전고점보다 고점을 낮게 형성하면 강한 하락 파동이 나온다. 두 개 봉우리가 있어 쌍봉이라고 부르며 M자 패턴이라고도 한다.

28. 대한전선

대한전선(001440) 일봉 차트

2022년 5월 6일 첫 번째 고점(외봉)을 만들고 6월 2일 첫 번째 고점 아래에서 두 번째 봉우리를 만들면서 신뢰도 높은 하락 패턴인 이중 천장형(쌍봉) 패턴이 나왔다. 그 후 7월 15일 1,585원까지 하락했다가 반등 후 주가는 계속 우하향 추세다.

2. 헤드앤숄더

상승 패턴인 역헤드앤숄더의 반대는 헤드앤숄더이고 하락 패턴이다. 신뢰도 면에서 역헤드앤숄더는 오른쪽 어깨가 왼쪽 어깨보다 위에 있으면 상승할 신뢰도를 높게 본다고 기술했고 아래와 같이 헤드앤숄더는 오른쪽 어깨가 왼쪽 어깨보다 낮게 만들어지면 하락할 신뢰도가 높다고 할 수 있다. 왼쪽 어깨를 통해 매도 시점을 잡는 것도 중요한 가격전략이다.

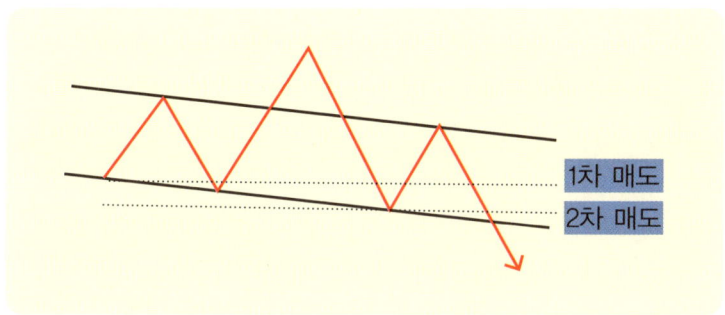

29. 와이엠텍

와이엠텍(273640) 일봉 차트

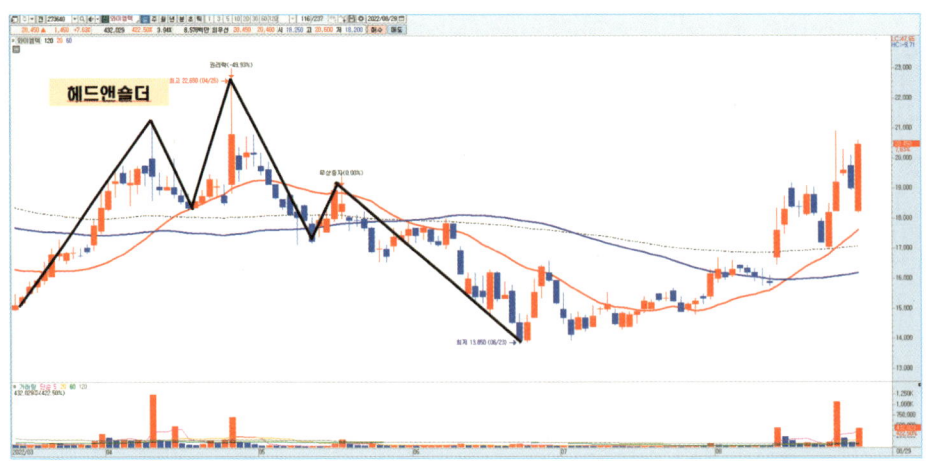

동사의 주가는 2022년 3월부터 6월까지 약 4개월 동안 헤드앤숄더를 만들며 하락했다. 역헤드앤숄더와 반대로 오른쪽 어깨가 왼쪽 어깨보다 밑에서 만들어지면서 6월 23일 13,850원에서 단기 바닥과 저점을 찍었다. 하지만 실적이 성장하는 기업은 주가 되돌림과 리바운딩이 빨리 나와주는데 7~8월 약 2개월 만에 헤드앤숄더 머리 근처까지 올라가면서 주가 회복도 빠르게 나타났다.

와이엠텍(273640) 연간 실적

(억 원)

구분	2020/12	2021/12	2022/12	2023/12(E)
매출액	170	300	493	601
영업이익	45	70	149	170

빠른 주가 회복이 나타날 수 있었던 이유도 실적에서 찾을 수 있다. 2021년 매출액과 영업이익은 전년 동기 대비 각각 76.5%, 55.6% 성장했으며 2022년 매출액은 전년 동기 대비 64.3%, 영업이익은 +20% 실적 성장을 이루어냈다.

이후 주가 흐름을 살펴보면 아래 차트와 같이 2023년 4월 19일 25,650원 52주 신고가를 경신했고 저점과 고점을 계속 높여가면서 상승 추세를 만들고 있다.

처음에는 N자 패턴, 두 번째는 이중 바닥형 패턴, 세 번째는 삼중 바닥형 패턴을 만든 것도 확인할 수 있다. 결국 하락 패턴을 완성시키면서 지수를 따라 주가도 하락했지만 결국 주가는 실적에 수렴해 우상향한다는 것을 보여주었다.

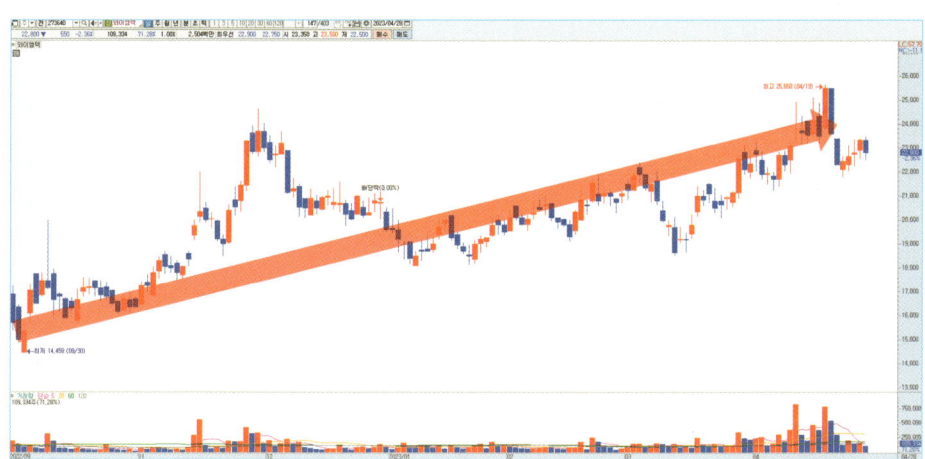

147

Chapter 06
하나도 버릴 것 없는 '이동평균선'

1. 이동평균선이란?

일정 기간의 주가를 산술평균한 값인 주가 이동평균을 차례로 연결해 만든 선이다. 기술적 분석의 '거래량'과 '이동평균선'은 필자가 가장 중시하는 투자의 툴(tool)이다. 기초적인 만큼 투자 포인트를 잡는 데 매우 중요한 핵심도구로 활용하고 있으며 수백 번 강조해도 지나치지 않은 지표다.

이루다(164060) 20거래일 종가 평균값(2022년 6월 26일 ~ 7월 20일)

날짜	종가	날짜	종가
2022.07.20	5,340	2022.07.06	5,090
2022.07.19	5,150	2022.07.05	5,240
2022.07.18	5,120	2022.07.04	5,150
2022.07.15	5,040	2022.07.01	5,350
2022.07.14	5,060	2022.06.30	5,450
2022.07.13	5,090	2022.06.29	5,700
2022.07.12	5,050	2022.06.28	5,800
2022.07.11	5,220	2022.06.27	5,980
2022.07.08	5,320	2022.06.24	5,550
2022.07.07	5,150	2022.06.23	5,310
20일 평균 가격			5,308

 이루다 기업의 20거래일 종가를 더해 20으로 나누면 20일간의 평균가격인 5,308원이 나온다.

30. 이루다

이루다(164060) **일봉 차트**

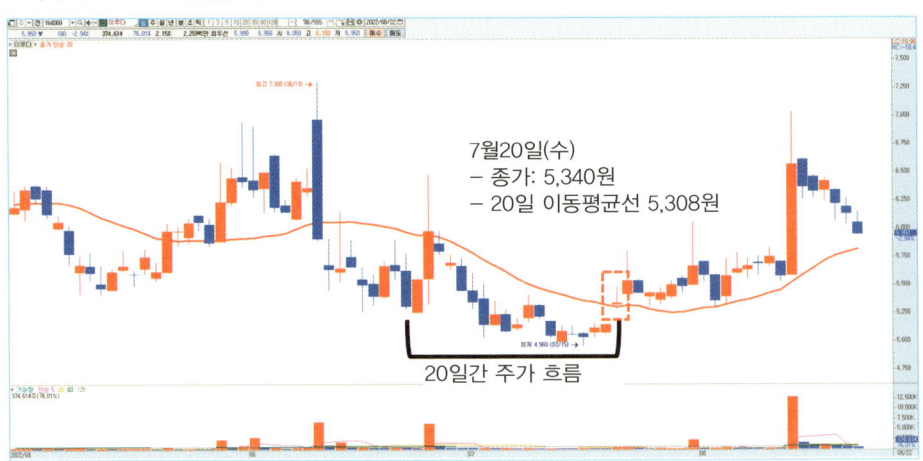

　20일(2022년 6월 26일 ~ 7월 20일) 동안의 주가 흐름을 살펴보면 하락하다가 횡보하는 모습이다. 20일째 되는 시점인 7월 20일의 20일 이동평균선 가격은 5,308원이고 종가는 5,340원으로 20일 이동평균선 위로 캔들이 올라왔다.

　2022년 6월 13일 장대 음봉이 나오고 20일 이동평균선 아래로 내려온 캔들은 7월 20일 전까지 종가 기준으로 20일 이동평균선 위로 강하게 올라와 안착한 적이 없었다. 20일 이후부터는 캔들이 20일 이동평균선 아래로 내려가지 않았고 7월 29일에는 전일 대비 2,073%의 거래량(매집봉)이 크게 실렸고 8월 11일 주가는 당일 고가 기준 26.16% 상승했다. 이동평균선 위로 캔들이 올라가 안착하고 거래량이 실리면 강한 시세가 분출된다는 것을 확인할 수 있다.

이루다(164060) 연간 실적

(억 원)

구분	2020/12	2021/12	2022/12	2023/12(E)
매출액	210	307	463	563
영업이익	36	41	83	105

2020~2022년 매출액과 영업이익이 단 한 번도 역성장하지 않은 기업이다. 코로나로 인한 사회적 거리두기로 피부미용 산업이 큰 타격을 받았음에도 해외에서 신규 출시된 미용·의료기기가 잘 팔려나갔고 그로 인해 전체적으로 경제가 침체된 분위기에서도 좋은 실적을 보여주었다.

2022년 10월 13일 4,620원 저점을 찍고 주가는 계속 우상향했고 2023년 2월 17일 8,930원 고점을 찍었다. 주가는 4개월 만에 저점 대비 93.3% 상승하는 놀라운 흐름을 보여주었다. 2022년 9월 26일 전일 대비 5,779%나 많은 거래량이 나온 후로 주가가 폭발적으로 오른 데서도 매집봉을 통한 상승 초입 힌트를 찾을 수 있었다.

2. 주요 이동평균선

- 5일(1주): 단기매매선
- 20일(1개월): 심리선, 생명선, 황금선
- 60일(3개월): 수급선, 중기 추세선
- 120일(6개월): 경기선, 장기 추세선

1) 골든크로스(Golden Cross)

단기 이동평균선이 중·장기 이동평균선을 아래에서 위로 상향 돌파하는 것을 말한다. 예를 들어, 10일 이동평균선이 20일, 60일, 120일 이동평균선을 아래에서 위로 돌파하거나 60일 이동평균선이 자신보다 숫자가 높은 120일, 240일 이동평균선을 아래에서 위로 돌파하는 것도 골든크로스라고 한다.

아래 그림에서 완만하게 우상향하는 곡선은 중기 이동평균선이다. 화살표 선이 단기 이동평균선이라면 맨 처음 중기 이동평균선을 단기 이동평균선이 상향 돌파했기 때문에 '골든크로스'다. 그리고 단기 이동평균선이 중기 이동평균선을 하향 돌파하지 않고 지지를 받으면서 다시 상승하는 모습을 보여주는데 골든크로스는 상승 힘이 강하다고 보면 된다.

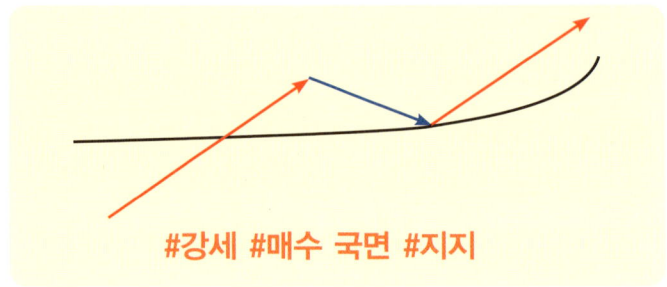

2) 데드크로스(Dead Cross)

단기 이동평균선이 중·장기 이동평균선을 위에서 아래로 하향돌파하는 것으로 골든크로스의 반대 개념이다. 예를 들어, 20일 이동평균선이 60일, 120일 이동평균선을 위에서 아래로 하향 돌파하거나 60일 이동평균선이 120일, 240일 이동평균선을 위에서 아래로 하향돌파하는 것도 데드크로스라고 한다.

아래 그림에서 완만하게 우하향하는 곡선을 중기 이동평균선이라고 하고 연속적인 화살표 선을 단기 이동평균선이라고 한다. 맨 처음 단기 이동평균선이 중기 이동평균선을 하향돌파하는 자리를 데드크로스라고 한다. 데드크로스 이후 단기 이동평균선이 상승 추세를 만들려고 하지만 중기 이동평균선의 저항을 받아 다시 하락세를 만들었다. 데드크로스는 골든크로스의 반대로 하락 힘이 강하다고 보면 된다.

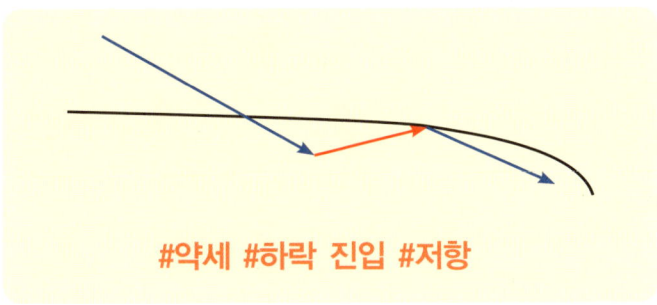

3. 이동평균선 수렴은 방향 전환을 의미한다

필자는 10일, 20일, 60일, 120일, 240일 이동평균선을 사용하므로 앞으로 이 이동평균선으로 기술하겠다. 캔들 편에서 바닥권 또는 고점 부근에서 나타나는 십자형 캔들은 상승 또는 하락으로 방향 전환을 의미한다고 기술했다. 십자형 캔들과 마찬가지로 이동평균선의 수렴도 방향 전환을 위한 분기점에 위치해 있다고 할 수 있다.

31. 에이프로

에이프로(262260) 일봉 차트

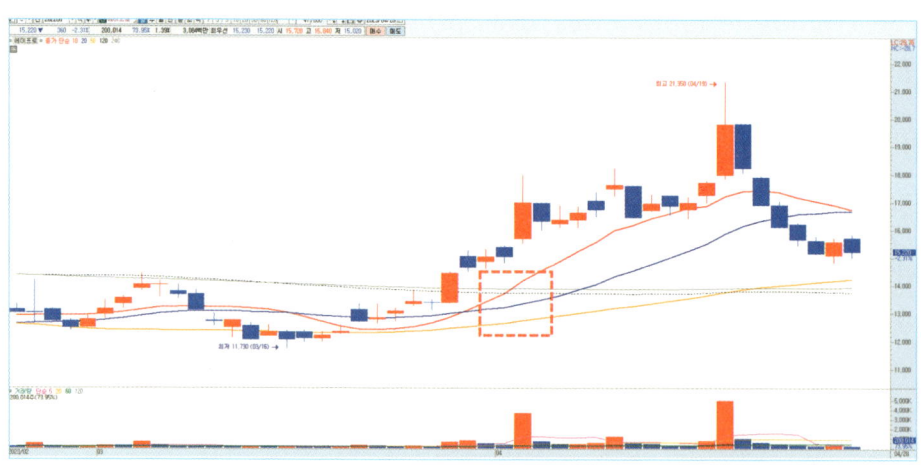

에이프로는 2023년 3월 29일 캔들이 단기 · 중기 · 장기 이동평균선 위로 올라갔고 종가는 14,450원이었다. 그 후로 이동평균선이 수렴하는 모습을 빨간 점선 박스에서 확인할 수 있고 주가는 4월 19일까지 쉬지 않고 상승해 21,350원까지 올라갔고 3월 29일 종가 대비 주가는 47.8%까지 단기간에 빠르게 상승했다.

에이프로(262260) 연간 실적

(억 원)

구분	2020/12	2021/12	2022/12	2023/12(E)
매출액	490	615	794	1,453
영업이익	11	-48	-25	126

2020~2022년 매출액은 계속 큰 폭의 외형 성장을 하고 있다는 것을 확인할 수 있다. 영업이익을 보면 2021~2022년 2년 연속 적자를 기록했는데 핵심적으로 보아야 할 부분은 적자를 축소하면서 매출액이 커졌다는 점이다. 투자 여부 고민은 아래 분기 실적을 보면 더더욱 명확해진다.

에이프로(262260) 분기 실적

(억 원)

구분	2021/12	2022/03	2022/06	2022/09	2022/12
매출액	300	203	33	296	261
영업이익	13	-22	-41	14	24

2022년 분기별로 더 자세히 살펴보자. 2022년 2분기 사상 최악의 실적을 기록했다. 매출액은 33억 원, 영업이익은 -41억 원으로 매출액보다 적자액이 많아 쳐다보기도 싫을 정도였다. 하지만 2022년 3분기부터 실적이 현지히 달라지기 시작했다. 매출액이 이전 수준으로 회복되며 흑자전환했다. 2022년 4분기 실적을 전년 동기와 비교하면 더 명확해진다.

2022년 4분기 매출액은 261억 원으로 전년 동기 대비 감소했지만 영업이익은 전년 동기 대비 78.6% 오히려 성장했다. 결국 필자가 기본적 분석 편에서 기술했듯이 매출액이라는 외형 성장도 중요하지만 훨씬 더 중요한 것은 회사가 실제로 남긴 이윤인 영업이익 성장성이다.

동사의 주가 흐름을 살펴보면 단기적으로 2022년 12월 29일 10,300원 저점을 찍고 3분기에 이어 4분기까지 흑자 기조가 이어지면서 주가는 두 배, 즉 100% 상승했다. 1월 3일에 저점을 놓쳤더라도 이동평균선이 수렴했던 2023년 3월 29일 이후 움직임을 보면 기간 대비 상승률은 이동평균선 수렴 후 발산하는 과정에서 주가 상승이 훨씬 강했다는 것을 확인할 수 있다. 그러므로 이동평균선 수렴과 실적을 반드시 함께 본다면 투자시간 대비 높은 주가 상승률을 보여줄 기업을 발굴할 수 있다.

1) 정배열

이동평균선의 위치가 단기(20일) > 중기(60일) > 장기(120일) 순, '상승 힘이 강함'

32. 현대미포조선

현대미포조선(010620) 일봉 차트

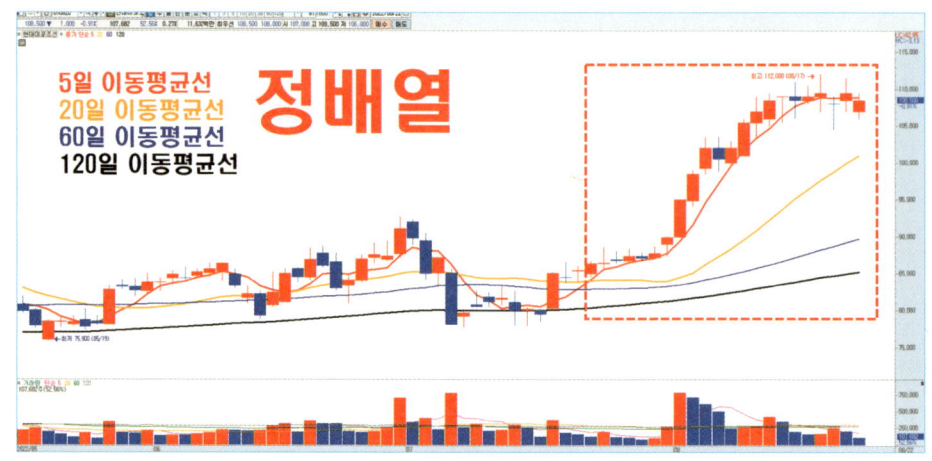

이동평균선이 수렴된 상태로 수개월 동안 횡보하는 모습이다. 국내 조선사의 계속되는 수주 랠리와 저마진 구조의 선박공급 계약을 지양하고 고마진 구조의 선박 수주를 계속 중이라는 공시와 뉴스가 나왔지만 주가는 강하게 올라가지 못했다.

발목을 잡았던 부분은 원자재 인플레이션으로 인한 후판(철강) 가격 상승으로 원가 부담이 커졌고 그로 인해 매출액은 성장했지만 적자를 계속 기록해 주가는 올라갈 모멘텀과 탄력이 약했다.

현대미포조선(010620) 분기 실적

(억 원)

구분	2021/12	2022/03	2022/06	2022/09	2022/12	2023/03(P)
매출액	8,605	8,760	9,354	8,823	10,232	9,092
영업이익	-770	-618	-66	141	-547	-274

2022년 2분기 전 분기 대비 적자 폭을 1/10 수준으로 크게 줄였고 3분기에는 141억 원 흑자전환하면서 8월 25일 117,500원까지 매우 빠르게 상승하는 흐름을 보여주었다. 하지만 주가 상승이 계속 이어지지 못한 이유는 2022년 4분기 큰 폭의 적자를 다시 기록했고 2023년 1분기 영업이익이 전 분기 대비 적자가 축소되면서 다시 상승 분위기를 만들어 가는데 2023년 2분기 영업이익이 결국 흑자전환한다면 전고점까지 다시 오를 주가 상승 탄력이 생길 수 있을 것이다. 이처럼 이동평균선이 수렴한 상태로 장기간 횡보했지만 전년 2~3분기 호실적을 기록하면서 주가가 단기간에 빠르게 오른 것을 확인할 수 있다.

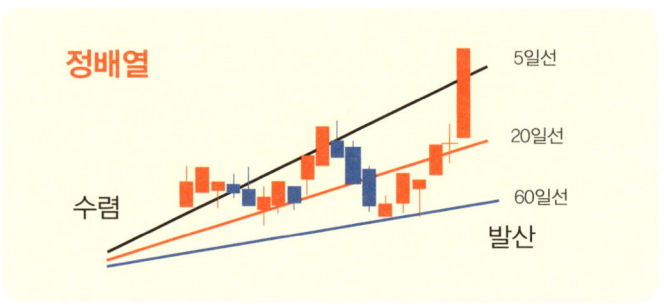

2) 역배열

이동평균선의 위치가 단기(20일) < 중기(60일) < 장기(120일) 순, '장기간 하락세'

5일 이동평균선이 20일, 60일, 120일 이동평균선을 위에서 아래로 하향 돌파하는 데드크로스가 계속 나오고 47,000원 부근에서 계속 상승하는 모습을 보여주지 못하고 있다. 역배열 상태에서는 상승 힘이 강하지 못하고 반등하더라도 저항을 받으며 위로 강하게 상승하지 못한다. 하지만 역배열 상태에서 실적이 흑자전환하거나 정체되었던 영업이익이 성장하기 시작하면 이동평균선 수렴 후 이격이 확대되면서 역배열을 만든 기업의 차트 흐름이 이격을 축소시키고 이동평균선이 수렴하면서 정배열을 만들고 발산할 수 있다.

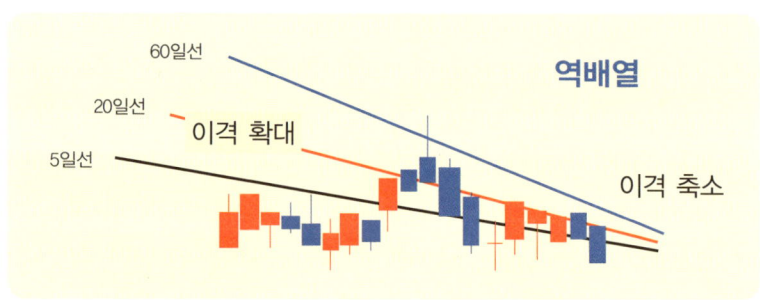

Chapter 07

주가 생애주기론

지수가 하락하면서 단기적으로(60분봉, 일봉) 역배열(이동평균선 장기 > 중기 > 단기 순)을 만든다. 실적이 아무리 뛰어나고 하방경직성이 탄탄하더라도 지수가 급락하면 개별 기업도 주가 조정을 받을 수밖에 없다. 그럼에도 주봉, 월봉상 정배열(이동평균선 단기 > 중기 > 장기 순)을 완전히 무너뜨리지 않으면서 다시 반등하는 모습을 실적주들은 자주 연출한다.

33. 하나투어

하나투어(039130) 일봉 차트

결론부터 말하면 지수 급락에 의한 개별 기업의 반등 구간에서 수익을 챙길 수 있는 패턴이다. 1차 반등은 기술적 반등이며 전고점을 돌파할 수 있는 2차 반등은 실적 기반 또는 실적+재료 또는 테마에 의한 경우가 많다.

주가 생애주기를 다시 말하면 역배열 → 이격 축소 → 거래량(매집봉), 캔들, 패턴 확인 → 이동평균선 수렴 → 정배열(이동평균선 발산) 순으로 진행되고 이동평균선에 수렴할 때까지를 1차 기술적 반등, 다시 상승시키는 견인차는 결국 실적 또는 실적과 결합된 재료나 테마임을 확인할 수 있다.

1. 하락 추세(역배열+저항) 상승전환

실적 부진 → 역배열 → 하락 전환 → 이동평균선 수렴(상승 또는 하락 추세전환 분기점) → 실적 회복 → 상승전환 → 정배열

파수(150900) 하락 국면(2021년 1월 ~ 2022년 9월)

2021년 1~10월 동사의 전체적인 주가 흐름을 살펴보면 고점과 저점이 계속 내려가는 하향세라는 것을 확인할 수 있다. 하지만 2022년 8월 20일 6,270원 단기 바닥을 찍고 저점을 높이면서 삼중 바닥 패턴을 만들었고 위 차트에서 맨 마지막 캔들(10월 12일)을 보면 약 3개월 만에 60일 이동평균선 위에 안착하는 모습을 보여주었고 종가는 7,500원이었다. 거래량은 전일 대비 398% 많이 실린 모습이었다.

파수(150900) 연간 실적

(억 원)

구분	2020/12	2021/12	2022/12	2023/12(E)
매출액	364	422	441	525
영업이익	-12	42	52	102

연간 영업이익 추이를 살펴보면 2020년 적자를 기록했지만 2021년 흑자 전환했고 2022년에는 전년 동기 대비 영업이익이 23.8% 성장한 모습을 보였다. 예상치이지만 2023년 영업이익이 102억 원으로 추정되고 전년 동기 대비 두 배 가까이 성장할 것으로 보인다.

파수(150900) 상승 국면(2021년 9~12월)

파수의 상승 국면을 상세히 살펴보자. 바닥권에서 상승 힘이라고 할 수 있는 망치형 캔들이 나왔고 주가는 2개월 반 만인 12월 17일 14,300원까지 상승했다. 상승률은 128.1%였다.

결국 이동평균선 수렴 → 역배열 → 장기간 하락세 → 이격 확대 → 이격 축소 → 이동평균선 수렴 → 정배열 → 상승세 지속 순으로 주가가 형성되고 만들어진다. 실적을 본다면 적자였기 때문에 역배열이 지속되다가 흑자전환되면서 주가가 반등했다는 것까지 기술적 분석으로 주가 생애주기론과 기본적 분석 실적을 결합시켜 동사를 추적 관찰했다면 싸게 매수해 비싸게 매도할 기회가 있었다는 것이다.

◆ 실적에는 계절적 특성이 있다

IT · 보안업계의 경우, 매년 4분기 매출이 다른 분기보다 훨씬 잘 나온다. 연말에 주로 ISMS와 같은 보안심사 일정이 있으며 전방 고객사로부터 주로 4분기에 주문이 이루어지기 때문이다.

파수(150900) 분기 실적

(억 원)

구분	2021/12	2022/03	2022/06	2022/09	2022/12
매출액	192	82	96	91	172
영업이익	72	-2	5	1	48

지니언스(263860) 분기 실적

(억 원)

구분	2021/12	2022/03	2022/06	2022/09	2022/12
매출액	144	57	97	72	159
영업이익	43	-1	19	12	39

윈스(136540) 분기 실적

(억 원)

구분	2021/12	2022/03	2022/06	2022/09	2022/12
매출액	447	174	230	189	422
영업이익	134	19	48	40	113

교육 업종은 매년 수학능력시험이 11월에 시행되므로 3분기가 최종 모의고사, 논술 등 막판 담금질 준비 기간이므로 실적이 다른 분기보다 훨씬 잘 나온다.

디지털대성(068930) 분기 실적

(억 원)

구분	2021/12	2022/03	2022/06	2022/09	2022/12
매출액	465	492	516	635	466
영업이익	-14	57	81	162	-17

메가스터디교육(215200) 분기 실적

(억 원)

구분	2021/12	2022/03	2022/06	2022/09	2022/12
매출액	1,738	2,161	1,973	2,327	1,899
영업이익	76	255	427	588	83

실적에 계절적 특성이 있다는 것은 특정 분기에 실적이 크게 나오는 시즌을 감안해야 하고 전 분기 대비 역성장했다고 투자를 지양하는 것이 아니라 전년 동기 대비 실적이 성장했는지 체크하면 된다는 것이다.

2. 상승 추세(정배열+찌찌) 하락 전환

실적 호조 → 상승 추세 → 정배열 → 이동평균선 수렴(상승 또는 하락 추세 전환 분기점) → 실적 부진 → 하락 전환 → 역배열

결국 주가는 실적이라는 성적표에 따라 주가 생애주기를 만든다. 실적이 계속 성장하는 기업이라면 주가는 우상향 추세를 계속 만들겠지만 경쟁사 출현, 원가 상승, 업황 부진에 따라 실적이 부진하면 실적에 근거하는 주가는 당연히 하락 추세로 전환될 수밖에 없다.

34. 파수

파수(150900) 일봉 차트(2020년 3월 ~ 2021년 1월)

위 기간 동사의 주가 흐름을 살펴보면 매집봉이 계속 만들어지면서 1년 가까이 계속 우상향했다. 단기 이동평균선이 60일 이동평균선에 닿을 때마다 주가는 강하게 반등하는 모습이었고 정배열 상태에서 눌림목 자리 즉, 지지받는 자리에서 이탈하지 않고 계속 우상향하는 모습을 보여주었다. 주가는 저점 대비 373.4% 상승했다.

역배열, 정배열, 실적을 함께 체크하면서 전체적인 주가 흐름을 살펴보자.

35. 이녹스첨단소재

이녹스첨단소재(272290) 일봉 차트

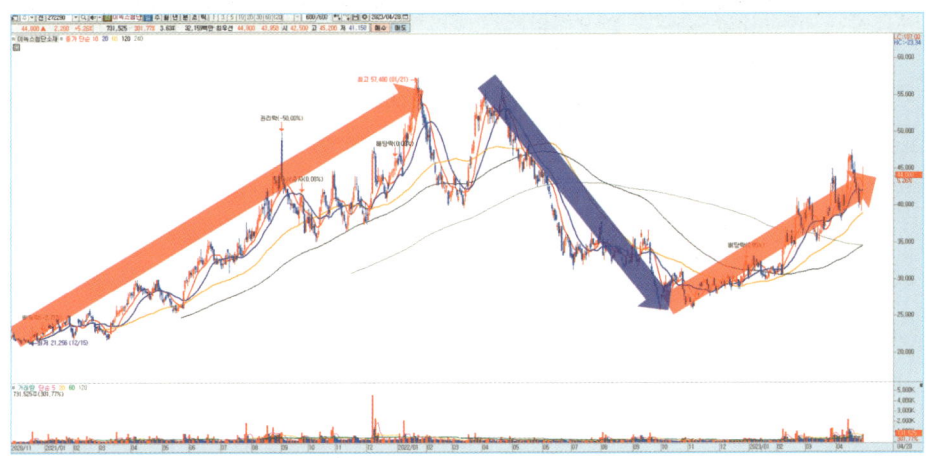

동사의 상승기와 하락기를 다음과 같이 나눌 수 있다.

1차 상승기(2020년 12월 ~ 2022년 1월, 14개월) 동안 정배열을 만들기 시작하면서 1년 이동평균선 밑으로 주가가 크게 이탈한 적이 없었고 2022년 1월 21일 역사적 신고가인 57,400원을 터치했다. 차트상 최저점 21,256원 대비 주가는 170% 상승하는 모습이었다. 코로나라는 특수한 상황에서도 IT 기기에 대한 수요가 늘었고 디스플레이 섹터는 LCD에서 OLED로 고부가가치 제품군으로 이동하는 과정에서 기대감까지 맞물려 주가는 1년 이상 계속 우상향할 수 있었다.

이녹스첨단소재(272290) 연간 실적

(억 원)

구분	2020/12	2021/12	2022/12	2023/12(E)
매출액	3,363	4,873	4,894	4,674
영업이익	438	967	971	711

위의 실적 수치를 보더라도 2021년 매출액과 영업이익은 각각 45%, 121% 성장했다. 특히 수익성 지표인 영업이익은 두 배 넘게 성장했는데 OLED 수요 증가와 원격의료, 재택근무, 원격수업 등으로 IT 기기에 대한 수요가 늘면서 두 가지 모멘텀이 주가를 매우 강하게 끌어올렸다.

하락기(2022년 4~10월, 7개월)의 첫 시작은 2022년 4월이었다. 인플레이션을 잡기 위해 미국 연방준비제도(FED)는 고강도 금리 인상을 단기간에 매우 빠르게 진행했고 증시에 큰 타격을 주었다. 또한, IT 기기에 대한 수요가 부진해지면서 전체적인 판매량이 역성장했고 모바일, 태블릿 PC, 노트북 등이 코로나 시즌만큼 팔리지 않으면서 전방 고객사의 주문도 줄어들었다.

2022년 매출액과 영업이익을 2021년과 비교하면 별 차이가 없고 성장도 정체된 것을 확인할 수 있다. 증시 분위가 좋지 못했고 동사의 실적도 제자리걸음하면서 주가가 하락기를 걸을 수밖에 없었던 것이 자명한 사실이다.

2차 상승기는 2022년 11월부터 2023년 4월까지로 6개월 동안 진행되었다. 2023년 매출액과 영업이익은 2022년 대비 역성장할 것으로 예상된다. 하지만 주가는 2022년 11월부터 바닥을 찍고 다시 상승 추세를 만들어가는 모습이다. 실적이 안 좋을 것으로 예상되는데 주가는 어떻게 상승하고 있을까? 첫째, 과도하게 하락했던 주가 회복 측면으로 볼 수 있고 둘째, IT 기기에 OLED가 많이 탑재될 것이라는 기대감 덕분이다. 주가는 미래의 성장 기대감을 반영한다. 보통 향후 6개월간의 실적 기대감이 주가에 선반영된다는 것이다.

이녹스첨단소재(272290) 분기 실적

(억 원)

구분	2022/06	2022/09	2022/12	2023/03(E)	2023/06(E)	2023/09(E)
매출액	1,429	1,333	822	830	1,030	1,429
영업이익	322	276	63	54	129	282

2022년 평균 영업이익은 약 290억 원이지만 2022년 4분기 영업이익은 63억 원으로 직전 분기 대비 큰 폭으로 역성장했다. 여기서 핵심은 2023년 4분기부터 분기 영업이익이 정상적으로 회복될 거라는 기대감이 주가를 다시 상승 추세로 만들고 있다는 것이다. 물론 예상치만큼 영업이익이 나와주지 않는다면 실망 매물이 출회되면서 주가는 다시 하락 추세를 만들 것이다.

36. 솔루엠

솔루엠(248070) 일봉 차트(2022년 3월 ~ 2023년 6월)

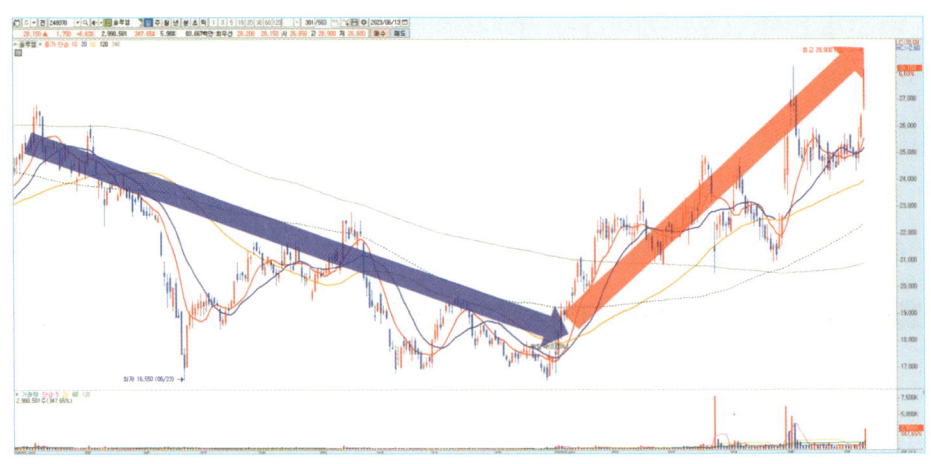

- 2022년 4~12월: 역배열
- 2022년 1월: 역배열 이격 축소 + 정배열을 만드는 과정
- 2022년 2~3월: 2년 이동평균선의 지지를 받으며 횡보 구간
- 2022년 4월: 눌림목 자리에서 완벽한 정배열을 만들며 52주 신고가 경신

    동사는 2022년 3~12월 9개월 동안 계속 하락세였고 역배열 상태였다. 물론 기술적 반등이 여러 번 있었지만 1년 이동평균선을 상향돌파하지 못하면서 상승 힘이 약했다. 하지만 2023년 연초 랠리가 시작되면서 동사의 주가도 동반 상승했다. 10월 말, 12월에 이중 바닥 패턴을 만들면서 2023년 1월 20일 처음으로 2년 이동평균선을 돌파했고 종가 기준 2년 이동평균선 위에 안착했다. 이것은 역배열에서 이동평균선이 이격을 좁히기 시작하고 단기 이동평균선이 중기, 장기 이동평균선을 위로 돌파하는 골든크로스와 정배열을 만들었

다는 뜻이다. 그리고 주가는 저점을 계속 높여가면서 2023년 52주 신고가를 경신했다.

솔루엠(248070) 연간 실적

(억 원)

구분	2018/12	2019/12	2020/12	2021/12	2022/12	2023/12(E)
매출액	7,093	9,136	10,765	11,533	16,945	20,712
영업이익	-94	513	564	265	756	1,302

실적도 함께 보면 더 명확해진다. 2021년 실적은 바닥을 찍고 2022년 사상 최대 매출액과 영업이익을 올렸다. 그런데 여기서 압권은 2023년 1분기 영업이익이 502억 원을 기록했다는 것이다. 이는 2022년 연간 영업이익의 66.4% 수준이며 2023년 영업이익 컨센서스는 전년 동기 대비 72% 성장할 것으로 추정된다.

동사는 가전제품에 들어가는 파워모듈 등을 전방 고객사에 납품하는데 전자표식장치(ESL) 신규 사업에까지 진출해 2022년 글로벌 2위까지 올랐다. 하지만 인플레이션으로 인해 원자재 가격 상승과 환율상승으로 비용 부담이 커졌고 주요 공략 시장이 유럽이다 보니 제품공급 대금을 유로(Euro)로 받아 환차손까지 발생해 실적이 부진을 면치 못했다. 그럼에도 2022년 사상 최대 실적을 경신했고 2023년에도 실적 성장을 이어갈 것으로 보인다. 제품 단위당 마진을 많이 남길 수 있는 컬러·대형 제품 비중이 증가하고 있기 때문이다. 또한, 전자표식장치는 앞으로 글로벌적으로 매우 중요한 영역이므로 자동화 관련 다양한 산업에 적용될 수 있다는 기대감도 있다.

솔루엠 ESL 컬러 비중 추이

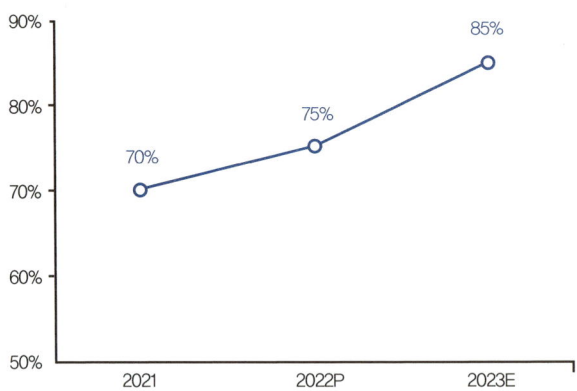

자료: 솔루엠, 이베스트투자증권 리서치센터

솔루엠 ESL 대형 비중 추이

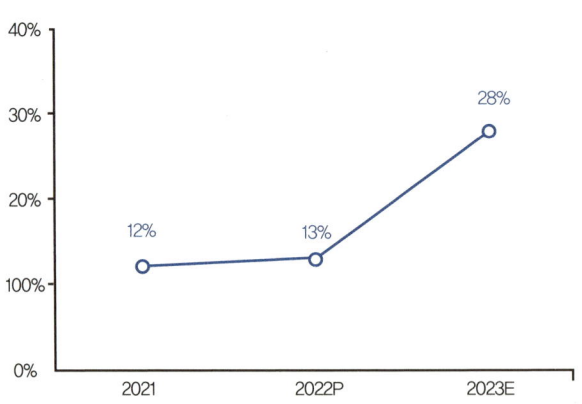

자료: 솔루엠, 이베스트투자증권 리서치센터

솔루엠(248070) 재무안정성

(%)

	2018	2019	2020	2021	2022
부채비율	1,269.70	440.9	289.4	165.00	256.7
유보율	35.5	234.5	484.4	978.2	1,154.5
유동비율	106.30	88.70	105.10	136.30	126.00

부채비율은 2018년 당시 대규모 투자가 필요했기 때문에 약 1,270%까지 높아졌지만 2022년 1/6 수준까지 내려왔고 유보율도 계속 높아지는 추세다. 유동비율도 2022년 기준 126%로 양호한 수준이다. 돈 버는 기업은 시간이 갈수록 재무안정성 지표도 좋아진다는 것을 확인할 수 있다.

성장하는 기업 알고 가기

◆ **솔루엠(248070)**

동사는 전자기기 부품의 연구개발 및 제조를 주요 사업으로 영위함. 사업 부문은 크게 파워모듈, 3IN1보드 등을 생산·판매하는 전자부품 사업 부문과 ESL, IoT 등을 생산·판매하는 ICT 사업 부문으로 구성됨. 본사에서 보유 중인 개발기술 및 지적재산권을 기반으로 중국, 베트남, 멕시코, 인도 등 해외에 종속회사를 두고 각종 전자부품의 생산·판매를 하고 있음(출처: 에프앤가이드).

37. 칩스앤미디어

칩스앤미디어(094360) 일봉 차트(2022년 3월 ~ 2023년 6월)

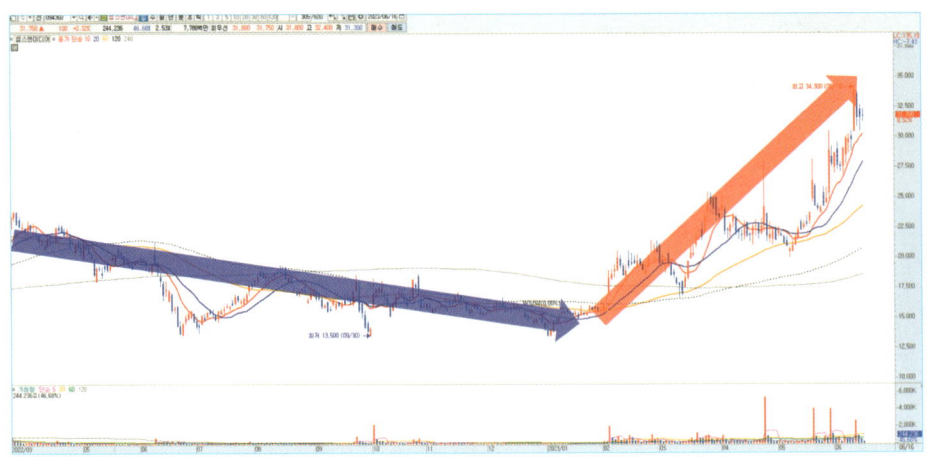

- 2022년 4~6월: 역배열
- 2022년 7월: 반등이 나왔지만 장기 이동평균선을 돌파하지 못함
- 2022년 8월 ~ 2023년 1월: 역배열
- 2023년 2월 이후: 정배열+우상향 추세

　동사의 주가 흐름을 보면 반도체 수요 부진과 재고 축적으로 반도체 업황이 좋지 못하다 보니 2022년 7월 한 달 동안 일시적 반등은 있었지만 추세를 돌리지 못했고 2023년 1월까지 약 10개월 동안 계속 역배열 상태였다. 하지만 2023년 2월 초 거래량이 실리면서 주가는 처음으로 2년 이동평균선을 상향돌파했고 그 후 60일 이동평균선에서 지지를 받으면서 정배열을 만들고 계속 우상향 추세를 만들었다. 2023년 1월 말 주가 대비 약 100% 상승했고 GPU, AI 반도체 관련주로 엮이면서 실적까지 성장해 주가는 단기간에 많이 오를 수 있었다.

칩스앤미디어(094360) 연간 실적

(억 원)

구분	2018/12	2019/12	2020/12	2021/12	2022/12
매출액	141	161	154	200	241
영업이익	20	36	24	52	73

해외 매출 비중: 95% 수준

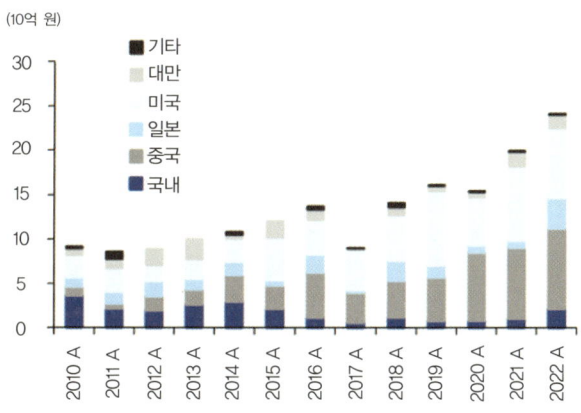

자료: 유진투자증권

안정적인 매출 비중(2022년 실적 기준)

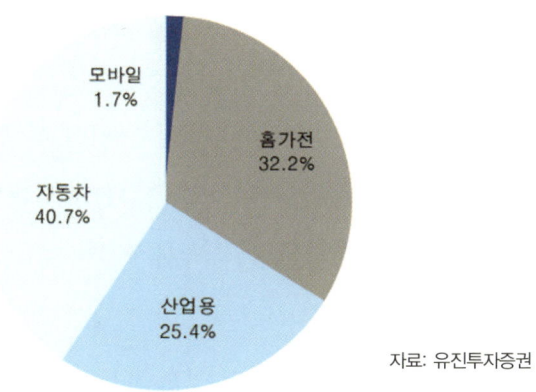

자료: 유진투자증권

2021년 연간 영업이익은 전년 동기 대비 약 두 배(100%) 넘게 성장했고 2022년에는 전년 동기 대비 40% 가까운 실적 성장을 보여주었다. AI 반도체, 자율주행, 드론, 로봇, 메타버스 등 동사가 보유한 반도체 설계 자산(IP)을 개발·판매할 수 있는 적용처가 많을 뿐만 아니라 해외 매출 비중도 크다 보니 글로벌 기업으로 도약할 성장성까지 있어 미래에도 실적이 계속 성장할 것으로 보인다.

칩스앤미디어(094360) 재무안정성

(%)

	2018	2019	2020	2021	2022
부채비율	11.6	11.7	21.9	21.00	50.3
유보율	641.2	733.3	557.4	665.3	838.1
유동비율	1,101.60	833.90	809.30	595.90	219.70

부채비율은 낮을수록, 유동비율은 높을수록 좋지만 동사는 2018~2022년 반대 모습을 보였다. 시간이 갈수록 부채비율은 높아지고 유동비율은 낮아지고 있다. 하지만 필자가 생각하는 기준치에 비하면 부채비율은 낮고 유동비율은 높다. 결국 회사는 새로운 사업과 새로운 IP 자산을 만들기 위해 투자를 계속하는데 그로 인해 수치들이 안 좋아지는 것처럼 보이지만 회사가 실제로 버는 돈으로 투자를 계속하고 있어 재무적으로 전혀 문제가 없으며 2023년 상반기에도 주가는 계속 좋은 모습을 보여주었다. 유보율도 높아지고 있는 것이 회사의 재무 상태가 나쁘지 않다는 것을 보여준다.

◆ 칩스앤미디어(094360)

동사는 2003년 설립되어 소프트웨어 개발업으로 시스템 반도체 설계자산(IP) 개발·판매를 사업 목적으로 함. 반도체 칩 제조사에 비디오 IP를 라이선스하고 반도체 칩 회사는 동사의 비디오 기술 및 자체 기술을 활용해 스마트폰이나 디지털 TV 등에 들어가는 반도체 칩을 설계·개발·제조해 납품함(출처: 에프앤가이드).

38. 토비스

토비스(051360) 일봉 차트(2022년 5월 ~ 2023년 6월)

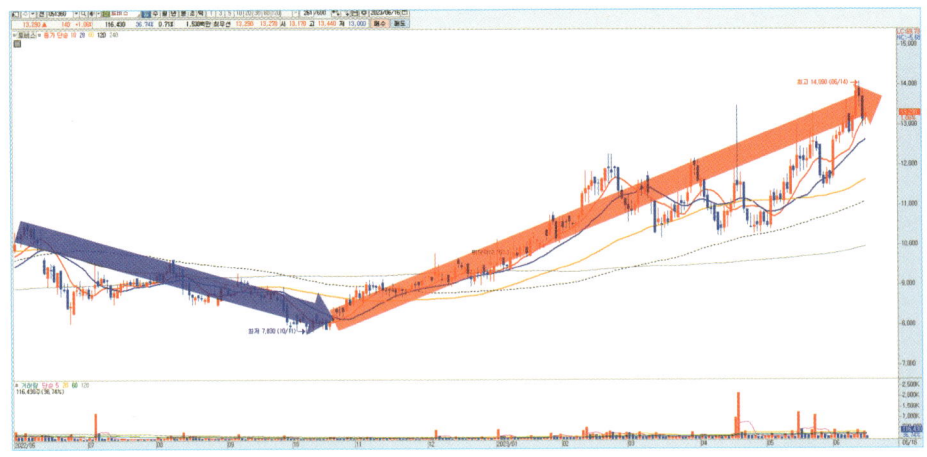

- 2022년 5~10월: 역배열
- 2022년 11월 ~ 2023년 2월 중순: 장기 이동평균선을 돌파하면서 상승 추세 지속
- 2023년 3~5월: 직전 고점 부근까지 조정 구간(4월 중순 거래량 주목)
- 2023년 6월 이후: 직전 고점 돌파+52주 신고가 경신 지속

    동사는 산업용(게임기·PC 등) 모니터를 제조하는 회사다. 코로나로 인해 대규모 인원이 모이는 곳은 출입 제한이 생겼고 그로 인해 전방 고객사인 카지노 회사로부터 모니터 주문을 받지 못해 실적이 부진했다. 2021~2022년 평균 주가는 9,000원 부근에 있었다.

토비스(051360) 연간 실적

(억 원)

구분	2018/12	2019/12	2020/12	2021/12	2022/12
매출액	4,302	4,189	2,728	2,634	3,282
영업이익	285	307	-56	-9	70

2020~2021년 코로나로 인해 연간 매출액은 평균 4,250억 원대에서 2,700억 원대까지 약 -36.5% 역성장했고 영업이익은 약 -300억 원대 적자를 기록했다. 2022년부터 위드 코로나로 정책이 바뀌면서 사람들이 일상으로 복귀하기 시작했고 2022년 매출액은 다시 3,300억 원대로, 영업이익은 적자에서 흑자로 전환되었다. 2023E 매출액과 영업이익은 각각 4,600억 원, 293억 원으로 코로나 이전 수준으로 회복될 것으로 보인다.

토비스(051360) 재무안정성

(%)

	2019	2020	2021	2022	2023년 1분기
부채비율	44.9	52.5	85.60	109.90	124.1
유보율	2,358.4	2,228.8	2,257.5	2,154.8	2,165.3
유동비율	213.6	185.4	134.9	146.3	120.5

코로나 시국에 실적이 좋지 못해 부채비율은 계속 높아지고 있고 유동비율도 낮아지고 있다. 2019년과 2023년 1분기를 비교해보면 부채비율은 45%에서 124%로, 유동비율은 214%에서 120%까지 악화된 상태다. 방금 전 기술했듯이 2022년 상반기까지 분기 영업이익이 적자를 기록해, 즉 특수한 상황 때문에 돈을 벌지 못해 재무안정성 지표가 악화된 것이다.

그럼에도 유보율은 2,000% 수준을 유지하고 있고 부채비율(100% 이하)과 유동비율(100% 이상)은 저자가 생각하는 최소한의 수준을 크게 넘지 않고 지켜주고 있다. 2023년 들어 주가가 계속 상승하는 이유를 찾아보면 적자에서 흑자로 실적이 당연히 턴어라운드할 것이 확실해 보이고 전장용 디스플레이 사업부의 미래 성장 기대감도 있다.

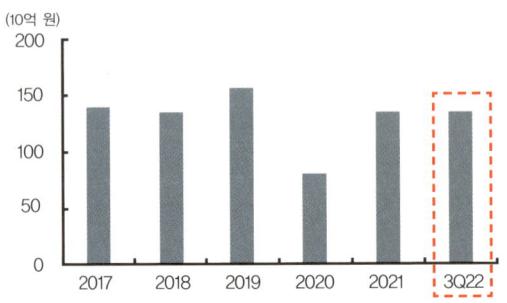

산업용 모니터 매출액 추이

출처: 토비스, 한양증권 리서치센터
주: 2022년 3분기는 누적

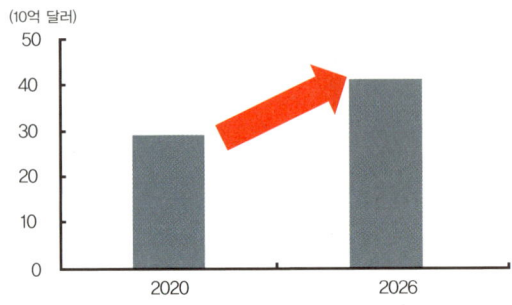

슬롯머신 글로벌 시장 전망

출처: Market Research Store, 한양증권 리서치센터

2023년 상반기는 현대차와 기아차의 전기차 판매량 호조로 2차전지 소재 기업, 장비 기업, 폐배터리 기업 모두 실적이 좋아 주가 흐름도 강했다. 동사도 전장용 디스플레이 공장을 중국에 보유 중이며 2천억 원대 규모의 생산설비도 설립 중이다.

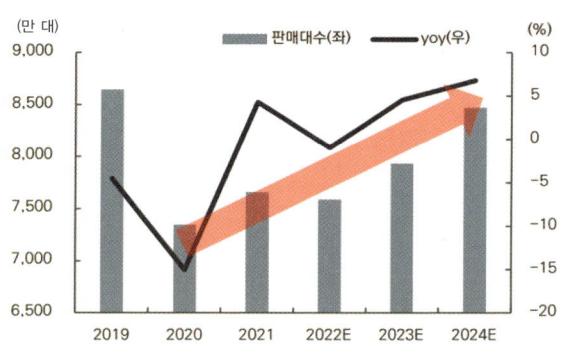

글로벌 자동차 연간 판매 추이 및 전망

출처: 한국자동차기자협회, 한양증권 리서치센터

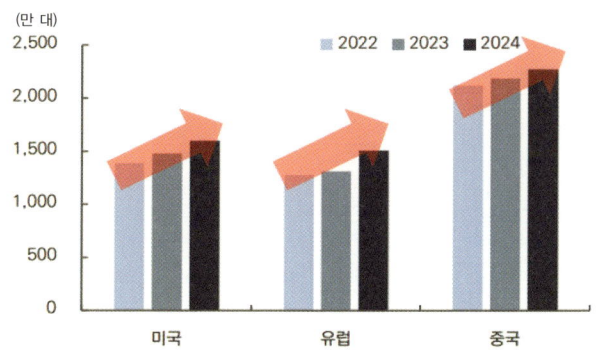

주요국 자동차 시장 수요 전망

출처: 한국자동차기자협회, 한양증권 리서치센터

◆ 토비스(051360)

동사는 게임기 모니터 및 PC 모니터의 제조·판매 등을 주요 사업 목적으로 1998년 9월 설립되어 2004년 11월 코스닥 시장에 상장함. 동사는 카지노 Garning, Amusement 등에 사용되는 산업용 모니터와 시장 규모가 큰 휴대폰, 디지털 카메라 등에 사용되는 TFT-LCD 모듈 및 터치 패널을 주요 사업으로 영위함. 전 세계 카지노 산업의 지배적 사업자를 전략고객으로 확보했고 산업용 모니터 사업도 성장하고 있음(출처: 에프앤가이드).

3. 주가 생애주기론에서 가장 핵심적으로 보아야 하는 위치

- 기술적 반등(1차): 역배열된 이동평균선이 이격을 좁히면서 이동평균선 수렴(=1년 이동평균선 또는 2년 이동평균선 부근까지 캔들이 상승)하면서 주가 방향성이 분기점에 위치. 캔들이 20일 이동평균선을 돌파할 때부터 실적이 좋은 기업 주가의 계속적인 추적·관찰 필수

- 실적 반등(2차): 주가가 우상향한다면 단기 > 중기 > 장기 순으로 이동평균선을 만든다(정배열). 20일 이동평균선을 캔들이 크게 이탈했는지 여부를 체크하면서 계속 홀딩할 수 있다. 결국 이 과정에서 단기 이동평균선이 중·장기 이동평균선을 위로 돌파하는 골든크로스가 계속 나오고 주가는 1년 이동평균선 위에서 지지를 받으며 계속 우상향한다.

기술적 분석과 실적 분석을 결합해 절호의 매수 타이밍 잡기

1. 윗꼬리 잡아먹는 실적 성장주 (역망치형 캔들+거래량)

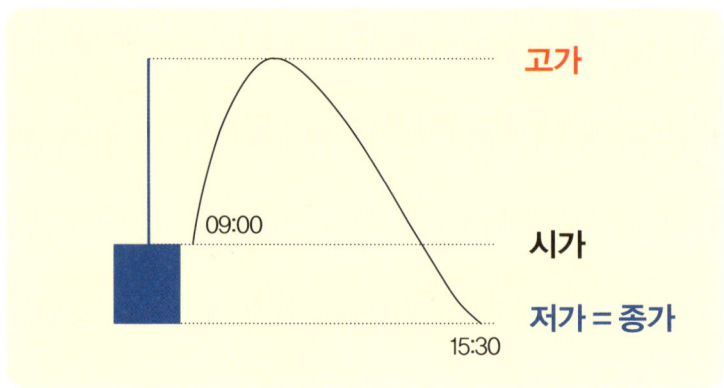

1장에서 역망치형 캔들을 배웠다. 크게 상승하던 주가가 내려오면서 위에 긴 꼬리가 생기는 모양이며 망치형 캔들이 누운 모습이어서 역망치형 캔들이

라고 부른다. 역망치형 캔들은 거래량이 많이 실리면서 매집봉이 되는 경우가 많다.

39. 케이에스피

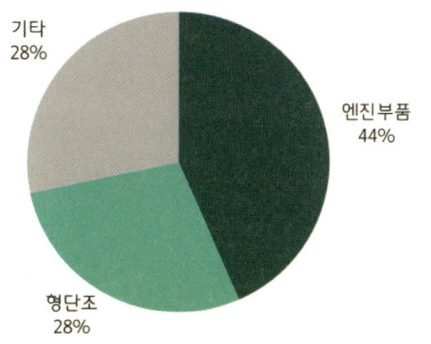

케이에스피의 주력 제품: 선박 엔진용 배기밸브 스핀들

자료: 케이에스피, 하나증권

[2022년 12월 29일]

역망치형 캔들이 나온 것을 확인할 수 있다. 당일 주가는 22.62%까지 상승했고 거래량은 전일 대비 2,672%라는 매우 높은 수준의 매집을 확인할 수 있다.

[2023년 1월 4일]

2022년 12월 29일 이후, 3거래일 만에 다시 역망치형 캔들이 나왔다. 당일 주가는 18.73%까지 상승했고 전일 대비 1,000%라는 높은 거래량이 실렸다. 단기간 강한 매집 흔적과 역망치형 캔들은 매우 큰 모티브가 된다.

[2023년 5월 15일]

2월 초 장기 이동평균선(1년·2년)까지 상승했지만 우상향 추세를 만들지 못하면서 주가는 다시 하락했다. 하지만 주가 흐름 분위기가 바뀌기 시작한

날은 5월 15일이었다. 윗꼬리는 길지 않았지만 주가는 고가 기준 9.8% 상승했다가 내려오면서 역망치형 캔들을 만들었다. 당일 거래량은 전일 대비 약 1,530%였다.

이후 조선 업종의 흑자전환, 순환매 등으로 주가는 52주 신고가를 경신하는 모습이었고 2022년 12월 29일 역망치형 캔들의 윗꼬리를 잡아먹으면서 계속 우상향하는 추세를 보여주었다.

동사는 현대중공업에 X72 엔진을 단독 공급하는 기술력을 보유하고 있으며 형단조 부품의 경우, 미래에 더 중요해질 수밖에 없는 조선, 건설장비, 원자력, 방산 등 다양한 영역에서 사용되기 때문에 미래 성장성도 기대된다.

글로벌 LNG선 발주 및 케이에스피 수주 잔고 추이 및 전망

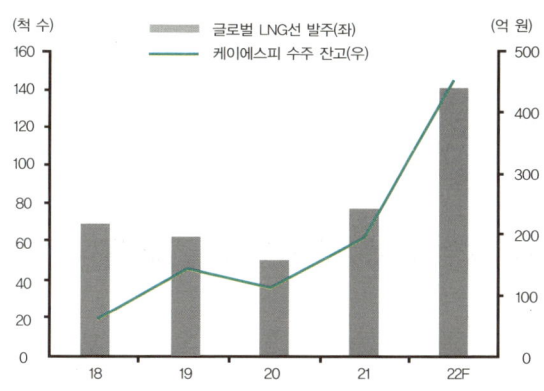

자료: 케이에스피, 하나증권

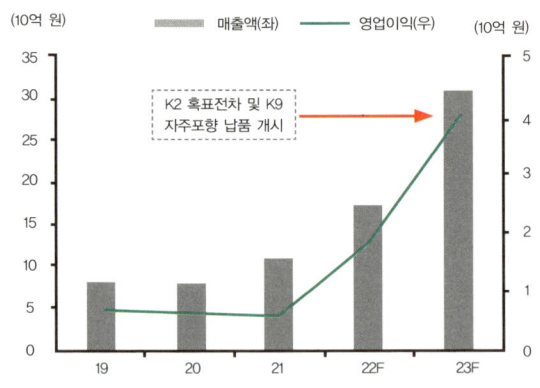

형단조품 부품 실적 추이 및 전망

자료: 케이에스피, 하나증권

또한, 카타르 북부 프로젝트 등으로 글로벌 LNG선 발주가 늘어남에 따라 케이에스피 동사의 수주 잔고도 늘고 있는 것을 확인할 수 있고 러시아-우크라이나 전쟁으로 군사력·안보의 중요성이 증가해 전방 고객사의 무기 수출·납품이 본격화되는 시점에 방산 부문에서도 빠른 실적 성장을 이룰 수 있는 기업이다.

케이에스피(073010) 연간 실적

(억 원)

구분	2018/12	2019/12	2020/12	2021/12	2022/12
매출액	168	294	394	438	637
영업이익	-26	18	21	20	35

연간 영업이익 추이를 살펴보면 2018년 적자를 기록한 후 2019년부터 흑자전환했지만 2021년까지 연간 영업이익이 성장하지 못하는 모습이었다. 다만 매출액은 꾸준히 증가했고 사상 최대 실적을 계속 기록했다. 영업이익은 정

체되어 있지만 계속되는 외형 성장을 바탕으로 전방 업황에 따른 수익성이 부진한 구간이라는 것을 알 수 있다.

하지만 2022년 매출액은 사상 최대치를 다시 경신했고 그동안 뒷받침되지 못했던 영업이익은 전년 동기 대비 큰 폭(75%)의 성장을 보였다. 주가 부활의 신호탄으로도 볼 수 있는 수치다.

케이에스피(073010) 분기 실적

(억 원)

구분	2022/03	2022/06	2022/09	2022/12	2023/03
매출액	133	145	169	190	190
영업이익	8	9	9	9	17

분기별 영업이익을 살펴보면 2022년 평균 8~9억 원 수준이었지만 2023년 1분기 직전 분기 대비 89% 성장했다. 매출액은 직전 분기와 비슷했지만 수익성이 놀랄 만큼 회복된 것을 확인할 수 있으므로 장기 이동평균선을 캔들이 상향돌파하면서 주가는 강하게 계속 우상향할 수 있었다. 단순히 산술평균적으로 분기마다 영업이익 17억 원을 기록한다면 68억 원으로 2023년 영업이익은 전년 동기 대비 94% 성장할 수 있다는 것이다.

케이에스피(073010) 재무안정성

(%)

	2019	2020	2021	2022	2023년 1분기
부채비율	94.3	95.4	88.8	77.5	94.6
유보율	29	35.6	47.9	91.2	97.7
유동비율	115.7	212.2	134.7	136.6	130.4

동사의 재무안정성을 살펴보면 부채비율은 100% 이하를 계속 유지 중이며 2022년부터 유보율은 90%대까지 높아진 상태다. 유동비율은 100% 아래로 내려간 적이 없을 만큼 양호한 상태다.

역망치형 캔들(=매집봉)을 확인하고 실적까지 모두 체크했다면 자신 있게 투자하기에 매우 적합했던 기업이다. 결국 6월 이후 주가 흐름도 동사의 2023년 2분기 영업이익과 하반기까지 좋은 실적을 계속 보여주는 것이 중요할 것이다.

성장하는 기업 알고 가기

◆ **케이에스피(073010)**

동사는 1991년 한국특수용접공업사로 설립되었으며 엔진부품사업, 형단조 사업, 기타 사업 총 세 개 사업을 영위하고 있음. 동사는 STELLITE 용접 기술력을 습득해 수많은 제품을 제작해 현대중공업, 두산중공업, 일본 TOSHIBA 등으로부터 이미 그 기술력을 인정받고 있으며 부산·경남권을 대부분 점유하고 있음. 주력 제품은 선박용 엔진 밸브류로 국내·외 엔진 제조사, 조선소, 해운사, 국내·외 대리점임(출처: 에프앤가이드).

40. 텔레칩스

텔레칩스(054405) 일봉 차트(2023년 1~6월)

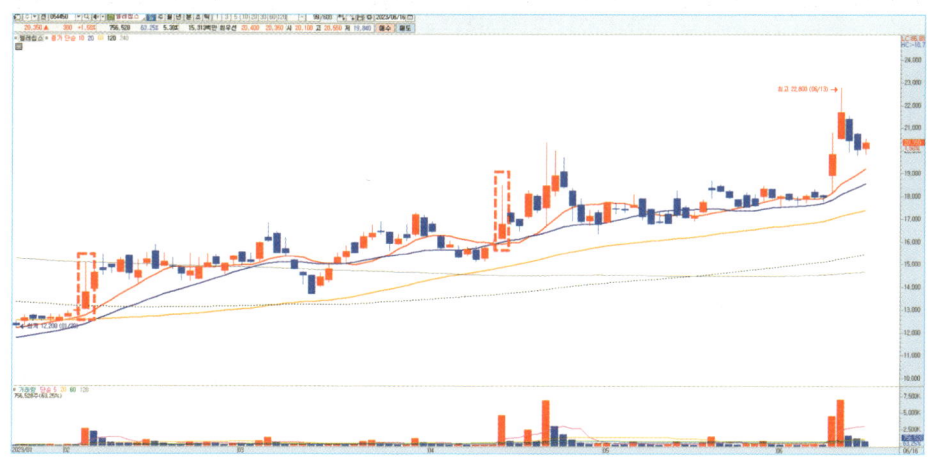

[2023년 2월 3일]

주가는 15.87%까지 상승했고 거래량은 전일 대비 2,082% 높았다. 그 뒤로 일시적 조정은 있었지만 2월 3일 매집봉이 시가를 이탈하지 않으면서 다시 상승 추세를 만들어갔다.

[2023년 4월 13일]

주가는 16.15%까지 상승했고 거래량은 전일 대비 1,959% 높았다. 그 뒤로 20일 이동평균선을 이탈하지 않으면서 계속 우상향했고 매집봉 윗꼬리를 잡아먹으면서 52주 신고가를 경신했다.

텔레칩스(054405) 연간 실적

(억 원)

구분	2018/12	2019/12	2020/12	2021/12	2022/12
매출액	1,261	1,322	1,007	1,364	1,504
영업이익	82	76	-85	81	92

　텔레칩스의 연간 실적을 살펴보면 2020년 매출액은 전년 동기 대비 역성장했고 영업이익은 적자를 기록했다. 코로나 당시 반도체 수요 증가에 따라 차량용 반도체 공급이 원활치 못해 동사도 타격을 입었다. 하지만 2021년 타이트했던 차량용 반도체가 원활히 공급되기 시작했고 매출액과 영업이익이 코로나 이전 수준(매출액 1,300억 원, 영업이익 80억 원)으로 회복되었다. 2022년에는 매출액과 영업이익 모두 실적 성장을 이루어냈다.

　동사의 매출액과 영업이익은 2025년까지 계속 성장할 것으로 컨센서스가 나오고 있다. 미래 예상치이므로 다음 데이터는 언제든지 변동될 수 있으며 주식투자자 입장에서는 실적이 계속 성장하는지, 그 성장 속도가 어떤지 계속 추적·관찰하는 것이 더 중요하다.

- 2023E: 매출액 1,691억 원, 영업이익 127억 원
- 2024E: 매출액 1,985억 원, 영업이익 175억 원
- 2025E: 매출액 2,451억 원, 영업이익 208억 원

　자동차 전장화 속도가 매우 빠르게 진행되는 과정이므로 차량용 반도체 수요는 계속 증가할 수밖에 없다. 아래 도표에서 보듯이 글로벌 차량용 반도체 시장은 2027년까지 연평균 11.1%씩 성장할 것으로 보이며 모빌리티에 다양

한 기능을 구현하기 위해서는 반도체가 많이 탑재될 수밖에 없으므로 관련 업종군에 속한 동사의 실적 성장이 더 기대되는 것이다.

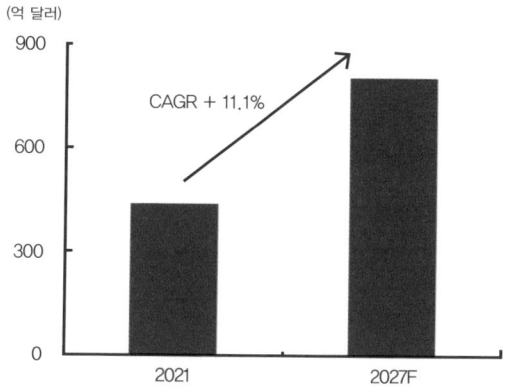

글로벌 차량용 반도체 시장 전망

자료: YoleIntelligence, DS투자증권 리서치센터

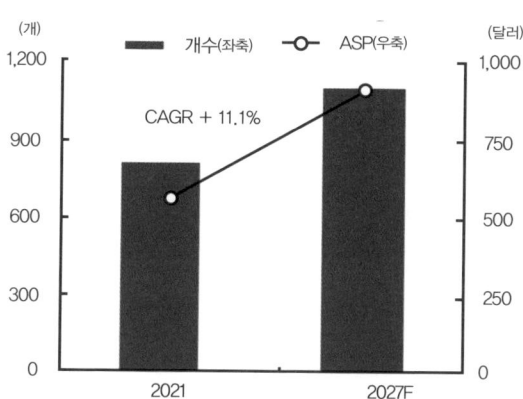

대당 탑재되는 반도체 수 및 판가 전망

자료: YoleIntelligence, DS투자증권 리서치센터

동사는 하이엔드 인포테인먼트의 적용 범위가 확대됨에 따라 기술력 대응에 집중하고 있으며 MCU 개발(자율주행의 핵심인 ADAS 칩 포함)로 레퍼런스를 확보할 예정이다.

텔레칩스(054450) 재무안정성

(%)

	2019	2020	2021	2022	2023년 1분기
부채비율	51.2	79.6	95.00	82.8	67.5
유보율	1,508.2	1,351.4	1,555.4	2,365.5	2,468.1
유동비율	264.50	276.90	213.50	117.40	124.00

재무안정성은 매우 양호한 편이다. 부채비율은 2021년 95%에서 2023년 1분기 67.5%까지 하락한 상태이고 유보율은 2022년 큰 폭으로 커졌다. 유동비율은 2019년 대비 반토막났지만 2023년 1분기 기준 124%로 필자가 양호하게 여기는 수준인 120% 이상을 유지하고 있다.

부채비율은 낮아지고 유보율은 높아지고 있어 재무안정성 지표는 대체로 좋아지고 있으며 유동비율이 2019~2021년 수준인 200%를 하회하지만 이는 회사가 본업으로 벌고 있는 영업이익으로 재투자하고 있고 높은 기술 수준을 요구하는 반도체 업종이기 때문에 선제적 투자를 주주에게 손 벌리지 않고 원만히 잘 진행하고 있다고 볼 수 있다.

◆ **텔레칩스(054450)**

동사는 국내 팹리스 기업으로 Video Codec IP 개발 및 라이선싱을 주요 사업으로 영위하는 칩스앤미디어를 계열사로 두고 있음. 동사는 해외시장 확대, 현지 영업·마케팅 강화를 위해 홍콩 현지법인, 미국 현지법인, 중국 현지법인을 각각 100% 출자 설립해 운영하고 있음. 각종 모바일 방송 표준을 지원하는 모바일 TV 수신 칩, 셋톱박스 및 차량에 사용되는 Connectivity 모듈을 개발·판매함(출처: 에프앤가이드).

2. 역배열과 흑자전환 / 역배열과 역성장(성장 정체기)

41. 와이투솔루션

와이투솔루션(011690) 일봉 차트(2022년 5월 ~ 2023년 6월)

동사는 거래 재개 시점에 6개월 이동평균선(점선)과 1년 이동평균선을 하향 이탈했다. 그리고 2023년 2월 중순 이후 처음으로 6개월 이동평균선을 캔들이 상향돌파하기 시작했고 3월 7일 우측 빨간색 테두리를 보면 1년 이동평균선을 돌파하면서 주가는 약 100% 상승하는 모습을 보여주었다.

와이투솔루션(011690) 연간 실적

(억 원)

구분	2018/12	2019/12	2020/12	2021/12	2022/12
매출액	911	1,083	1,074	1,015	1,205
영업이익	-184	-51	-31	-45	18

주가가 강하게 상승할 수 있었던 것은 영업이익이 4년 연속 적자를 기록했지만 2022년 연간 영업이익이 흑자로 전환된 덕분이다. 수개월 동안 1년 이

동평균선을 돌파하지 못했던 기업의 실적이 부각되면서 1년 이동평균선을 돌파하는 시점에서 주가는 800원이었지만 고점 기준 100%를 넘는 주가상승률을 보였다.

수년간 적자를 기록한 기업이 흑자전환한다는 것은 주가 생애주기론에서 배웠듯이 역배열에서 이동평균선들이 이격을 좁히고 단기 이동평균선이 중·장기 이동평균선을 상향돌파하면서 골든크로스가 계속 연출되고 주가가 계속 우상향하는 모습을 보이는 것이다. 필자는 장기 이동평균선까지의 주가 흐름이 기술적 반등이고 기술적 반등 이후 주가가 상승하기 위해서는 실적이 반드시 뒷받침되어야 한다고 생각한다.

와이투솔루션(011690) 재무안정성

(%)

	2019	2020	2021	2022	2023년 1분기
부채비율	89.9	255.1	35.3	53.50	63.6
유보율	252.6	9.0	10.0	3.6	
유동비율	76.10	97.10	287.40	221.30	195.70

- 부채비율: 2020년 기준 255%에 달할 정도로 상당히 높았지만 2023년 1분기 기준으로 현저히 낮아지며 100% 아래로 내려왔다.
- 유보율: 아쉬운 부분이지만 회사가 벌고 있는 이익을 현재 잘 보유하지 못한 상태로 볼 수 있다.
- 유동비율: 하지만 유동비율이 2021년부터 높아지면서 재무구조 개선을 이루었고 2023년 1분기 기준으로도 약 200% 수준으로 상당히 높은 상태를 유지 중이다.

◆ **와이투솔루션**(011690)

동사는 전원공급장치인 SMPS(Switching Mode Power Supply)의 개발·제조를 주요 사업으로 영위하고 있고 전기자동차 급속충전기에 사용하는 파워모듈 및 바이오 신약 개발을 신성장 사업으로 육성 중임. 매출 비중은 PSU 88.07%, 화학제품 도매사업부 11.7%, 기타 부문 0.29%이며 LG전자 등이 주요 고객사임. 전기자동차 충전기, 차량용 인버터 등 중·대형 SMPS로 시장을 확대해나가고 있음(출처: 에프앤가이드).

와이투솔루션의 최대주주는 덕우전자다. 덕우전자는 애플에 카메라를 공급하는 회사이고 2022년 연간 영업이익이 189억 원으로 사상 최대 실적을 거두었다. 그룹 관계사를 잘 찾아보면 또 다른 투자 기회를 잡을 수 있으며 와이투솔루션이 2차전지 충전소 인프라 사업을 하고 있어 덕우전자가 2차전지 사업 진출을 발표하면서 주가 상승 모멘텀을 양사 모두 가질 수 있었다.

덕우전자(263600) 연간 실적

(억 원)

구분	2018/12	2019/12	2020/12	2021/12	2022/12
매출액	884	1,294	1,534	1,757	2,090
영업이익	21	124	116	52	189

42. 에스앤더블류

에스앤더블류(103230) 일봉 차트(2023년 3~6월)

2023년 3월 28일 거래가 재개되었지만 장기 이동평균선을 하향돌파했다. 약 2개월 동안 장기 이동평균선 밑에서 횡보하면서 조금씩 저점을 높였고 1년 이동평균선을 캔들이 상향돌파하고 나서 주가는 20% 가까이 상승했다.

에스앤더블류(103230) 연간 실적

(억 원)

구분	2018/12	2019/12	2020/12	2021/12	2022/12
매출액	302	360	335	300	360
영업이익	-83	-22	-9	-3	25

동사는 2018~2021년 4년간 적자를 지속했지만 더 중요한 점은 적자 축소를 계속하고 있다는 것이다 -83억 원 적자에서 2021년 -3억 원까지 적자폭을 줄였고 2022년에는 연간 기준 흑자전환했다.

2023년 2분기에는 조선 섹터가 강했기 때문에 동반 상승 흐름도 있었지만 2022년 흑자전환은 자신 있게 동사에 투자할 기회를 주는 모티브가 되었다고 할 수 있다. 그래서 역배열 상태에서 이격을 좁히는 기업들과 적자에서 흑자로 실적이 턴어라운드되는 기업들을 면밀히 추적·관찰하면서 관심 종목에 넣어두어야겠다.

에스앤더블류(103230) 재무안정성

(%)

	2019	2020	2021	2022	2023년 1분기
부채비율	42.7	33.5	37.5	45.90	46
유보율	982.0	1,004.5	976.0	1,081.3	1,109.4
유동비율	290.10	265.80	315.50	286.30	294.20

동사는 2021년 1월부터 2023년 2월까지 약 2년간 거래정지 상태였지만 재무안정성은 상당히 양호한 수준을 유지했다.

- 부채비율: 2019년부터 2023년 1분기까지 단 한 번도 50%를 넘기지 않을 정도로 매우 낮은 부채비율을 유지했다.
- 유보율: 소폭이지만 계속 높아지는 추세다.
- 유동비율: 200%대 후반을 잘 유지해 거래재개가 될 수 있었고 거래재개 이후 주가도 거래정지 직전 수준으로 빠르게 회복될 수 있었다.

 성장하는 기업 알고 가기

◆ **에스앤더블류(103230)**

동사의 주요 사업 부문은 선박(디젤) 엔진 부품 사업 부문, 산업 부품 사업 부문, 단조품 사업 부문으로 나뉨. 선박 엔진 부품 사업 부문은 엔진 볼트, 밸브, 시트링 캠·캠축을 제조·판매하며 산업 부품 사업 부문은 대형 건설·플랜트에 사용되는 볼트류를 제조·판매하고 있음. 단조품 사업 부문은 선박 부품 및 중장비·자동차 부품 등에 사용되는 단조품을 제조·판매하고 있음. 동사의 주요 매출처로는 현대중공업, 삼성중공업 등이 있음(출처: 에프앤가이드).

43. 금호타이어

금호타이어(073240) 일봉 차트(2022년 8월 ~ 2023년 6월)

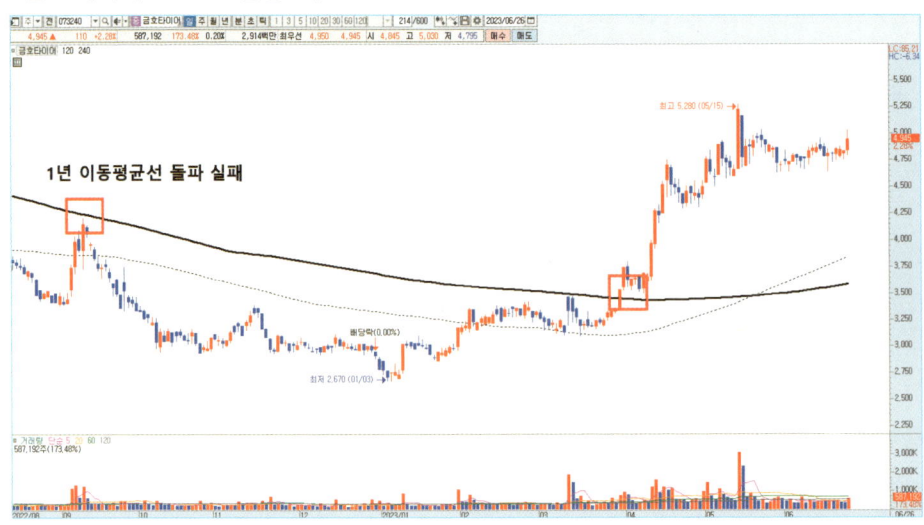

동사의 주가 흐름을 살펴보면 2022년 8월, 1년 이동평균선 돌파를 시도했지만 강하게 올라서지 못하며 계속 하향세였고 2021년 6월 29일 고점을 찍고 나서 1년 반 동안 계속 하락했는데 2023년 1월 3일 2,670원 대비 하락률은 무려 -68%에 달했다. 하지만 2023년 2월 초 주가는 6개월 이동평균선을 돌파했고 3월에는 1년 이동평균선을 상향돌파하면서 계속 우상향하는 추세를 만들었다.

금호타이어(073240) 연간 실적

(억 원)

구분	2018/12	2019/12	2020/12	2021/12	2022/12	2023/12(E)
매출액	25,587	23,692	21,707	26,012	35,592	40,755
영업이익	-982	574	-45	-415	231	2,421

타이어의 원재료인 고무 가격의 상승과 코로나로 인해 자동차 판매가 부진함에 따라 2020~2021년 2년 연속 영업이익 적자를 기록했다. 하지만 2021년 매출액과 영업이익에 주목할 필요가 있다. 매출액은 전년 동기 대비 약 25% 성장했지만 영업이익은 2020년 대비 더 큰 적자를 기록했다. 즉, 자동차(특히 친환경 자동차) 판매량이 다시 살아나면서 매출액은 커졌지만 고무 가격이 상승함에 따라 수익성이 악화되었다고 볼 수 있다.

결국 2022년 매출액은 다시 큰 폭으로 성장했고 영업이익은 흑자전환했다. 2023년 예상 연간 영업이익은 2,421억 원으로 2015년 이후 사상 최대 실적이 될 것으로 보인다. 2022년 4분기부터 영업이익이 큰 폭으로 개선되었는데 고무 가격이 안정되면서 동사의 수익성이 회복되었고 그로 인해 2023년부터 연간 영업이익이 계속 성장할 것으로 예상되어 주가도 계속 우상향하는 흐름을 보여주고 있다.

◆ **금호타이어**(073240)

동사는 2003년 금호산업 타이어 산업부의 자산부채 현물출자 및 영업 양수도를 통해 설립되었음. 한국, 중국, 미국, 베트남에 위치한 8개 타이어 생산공장을 토대로 글로벌 생산체계를 구축하고 전 세계 판매 네트워크를 갖춘 타이어 제조·판매 기업임. 해외 9개 판매법인과 14개 해외 지사·사무소에서 글로벌 타이어 판매를 담당하고 있으며 한국, 중국, 미국, 독일 4개 지역에 R&D센터를 운영하고 있음(출처: 에프앤가이드).

44. 펌텍코리아

펌텍코리아(251970) 일봉 차트(2021년 1월 ~ 2023년 6월)

　동사의 주가는 2021년 8월 17일 3만 원을 찍고 계속 우하향하는 흐름이었다. 위 차트를 살펴보면 1년 이동평균선 돌파를 시도하는 흐름이 나왔지만 강하게 돌파하지 못하거나 1년 이동평균선의 지지를 받지 못하고 다시 하락하는 모습을 계속 보여주었다. 기술적 흐름에서 시장을 짚어보면 중국 리오프닝에 대한 기대감으로 주가가 반등했지만 기대치만큼 실적이 빠르게 회복되지 못해 실망 매물이 출회되면서 다시 하락하는 모습을 여러 번 보여주었다.

펌텍코리아(251970) 연간 실적

(억 원)

구분	2018/12	2019/12	2020/12	2021/12	2022/12	2023/12(E)
매출액	1,511	1,754	1,968	2,220	2,366	2,672
영업이익	245	269	274	261	265	325

동사의 연간 영업이익은 2018년부터 2022년까지 크게 성장하지도 하락하지도 않았다. 중요한 것은 매출액이 단 한 번도 역성장하지 않았다는 점이다. 그리고 2023년 1분기 양호한 영업이익을 올렸고 남은 2분기와 하반기에 성장하는 실적을 보여준다면 2021년 8월 17일 고점인 3만 원까지 돌파하는 흐름을 보여줄 것으로 보인다.

　　펌텍코리아는 주가 상승폭이 상대적으로 크지 않았지만 코스메카코리아, 잉글우드랩, 실리콘투의 2023년 1분기 영업이익을 살펴보면 주가가 강하게 상승할 수밖에 없는 이유를 알 것이다.

펌텍코리아(251970) 재무안정성

(%)

	2019	2020	2021	2022	2023년 1분기
부채비율	58	27.9	27.6	23.50	27.1
유보율	2,543.5	2,846.3	3,102.0	3,376.6	3,420.3
유동비율	191.80	279.50	255.20	291.70	264.00

- 부채비율: 코로나 시국을 겪었지만 부채비율은 20%대까지 오히려 하락했다.
- 유보율: 곳간에 돈이 계속 잘 쌓이고 있는 기업이다.
- 유동비율: 200%대 중·후반을 잘 유지 중이다. 미래 성장동력 모멘텀이 생긴다면 주가는 매우 강한 상승 흐름을 보여줄 수도 있을 것이다(친환경 용기 등).

 성장하는 기업 알고 가기

◆ **펌텍코리아**(251970)

동사는 2001년 8월 10일 펌프 기반의 플라스틱 용기 제조·판매를 주요 목적으로 설립되었으며 현재는 주로 화장품 용기를 판매하고 있음. 펌프·용기류, 튜브류, 콤팩트류, 스포이드류, 스틱류 등의 용기를 제조·판매하고 있으며 화장품 외 생활용품 등의 용기로 제품 포트폴리오를 확장 중임. 주로 생산하는 품목은 포장재로서 내용물을 보호하는 기본적인 기능에 사용의 편리성과 심미성을 두루 갖춘 화장품 용기임(출처: 에프앤가이드).

3. 안전 마진(1~2년 이동평균선 활용법)

부동산에는 '안전 마진'이라는 용어가 있다. 59㎡ 아파트 호가가 9억 원에 특정 지역에 형성되어 있다고 가정하자. 비슷한 곳에 신축 아파트가 들어서는데 동일 면적의 분양가가 7억 원이라면 그 차액인 2억 원을 '안전 마진'이라고 부른다. 말 그대로 안전하게 마진을 챙길 수 있는 구간이다.

필자는 주식시장에도 안전 마진 구간이 있다고 본다. 실적이 성장하는 기업의 캔들이 1년 이동평균선을 돌파하고 안착하면 으레 2년 이동평균선까지 움직이는 모습을 자주 보여주곤 한다. 필자는 주식시장에서 1년 이동평균선과 2년 이동평균선의 차이만큼 수익을 낼 수 있는 곳을 '안전 마진'이라고 부르면서 실전 활용 사례도 설명하겠다.

45. 경동나비엔

경동나비엔(009450) 일봉 차트(2023년 2~6월)

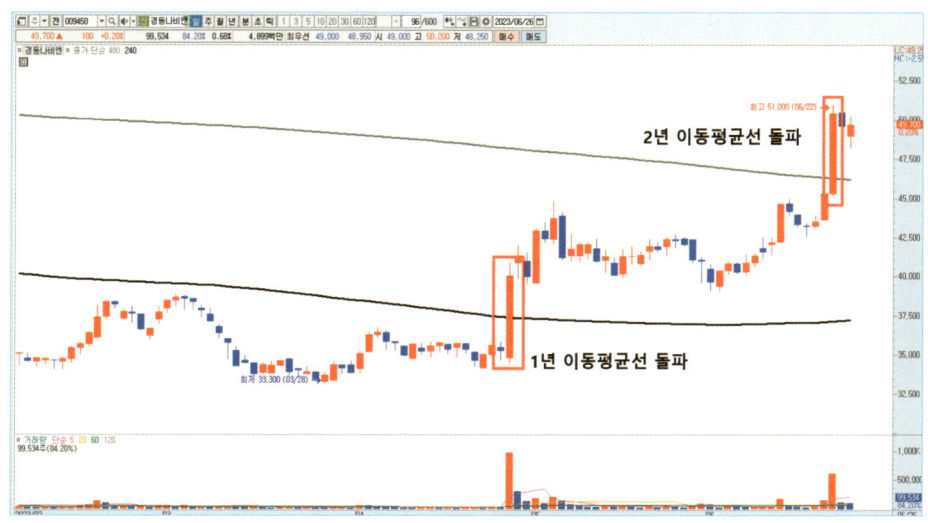

동사는 2023년 4월 26일 거래량이 실리면서 1년 이동평균선을 캔들이 상향돌파했다. 그리고 2개월도 채 안 되어 2년 이동평균선도 돌파했다. 결론적으로 핵심은 1년 이동평균선을 돌파하고 기간 조정과 횡보 구간에서 실적이 좋은 기업을 모아가면 주가는 매우 높은 확률로 2년 이동평균선까지 올라간다는 것으로 이를 여실히 보여주는 사례다.

경동나비엔(009450) 연간 실적

(억 원)

구분	2018/12	2019/12	2020/12	2021/12	2022/12
매출액	7,267	7,743	8,734	11,029	11,609
영업이익	408	448	671	643	598

동사의 2018~2020년 연간 매출액과 영업이익 추이를 살펴보면 국내 친환경 보일러의 수요 증가와 북미·중국 시장 진출에 따라 모두 계속 성장하는 모습을 보여 2021~2022년 매출액 기준 사상 처음 1조 원 클럽에 가입했지만 영업이익은 후퇴하는 모습이었다.

인플레이션으로 인한 운반비와 원자재 가격 인상으로 수익성이 악화되었지만 2023년 1분기에 호실적을 발표하면서 단번에 1년 이동평균선을 돌파했고 시장이 실적 대비 저평가되었다는 판단으로 2년 이동평균선까지 돌파할 수 있었다. 2023년 1분기 영업이익 385억 원은 2022년 연간 영업이익 598억 원의 64.4% 수준이었다.

지금부터 실적이 계속 성장한다면 주가도 우상향 추세를 만들면서 상승세를 이어갈 수 있을 것이다. 실적을 누차 강조하는 이유가 바로 여기에 있으며 큰 폭의 실적 성장은 곧 주가 상승을 의미한다고 기본적 분석에서 설명한 바 있다.

경동나비엔(009450) 재무안정성

(%)

	2019	2020	2021	2022	2023년 1분기
부채비율	102.6	111	107.3	96.6	95.5
유보율	2,266.4	2,463.9	2,996.2	3,458.3	3,623.9
유동비율	101.5	106.6	109.4	123.5	143.4

- 부채비율: 2019~2021년 100% 이상이었지만 수익성이 회복되면서 2022년부터 2023년 1분기까지 계속 낮아져 90% 중반까지 내려왔다.
- 유보율: 2019년 2,266%로 우량한 상태였지만 2023년 1분기 3,600%대까지 상당히 높아진 훌륭한 상태다.
- 유동비율: 100% 초반이던 비율이 2023년 1분기 140%대까지 상승하며 매우 양호한 수준까지 올라온 상태다.

◆ **경동나비엔(009450)**

동사는 본사를 거점으로 한국·해외 법인 등 동종 업종을 영위하는 종속회사로 구성된 생활환경 에너지 전문 기업임. 본사는 가스보일러, 기름보일러, 가스온수기 등 국내·외 제품 제조·판매를 담당하고 있음. 에너지기기의 핵심부품인 열교환기, 버너 등을 개발·생산하고 있는 경동에버런, 플라스틱·고무 제품을 생산하는 경동폴리움 등 총 11개 종속회사로 구성됨(출처: 에프앤가이드).

46. 두산테스나

두산테스나(131970) 일봉 차트(2023년 2~6월)

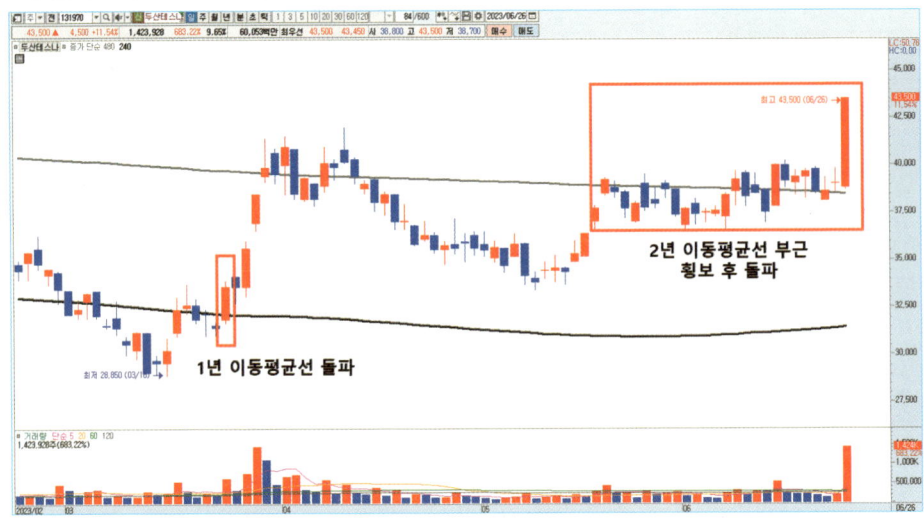

2022년 4월, 1년 이동평균선을 돌파했다가 안착하지 못하고 9월 말까지 계속 하락세였다. 하지만 2023년 3월 중순 이후 1년 이동평균선을 상향돌파한 후 4거래일 만에 2년 이동평균선을 돌파하고 쌍봉(이중 천장형) 패턴을 만들면서 하락했지만 1년 이동평균선을 이탈하지는 않았다.

2023년 5월 19일, 2년 이동평균선 돌파를 계속 시도했지만 돌파와 이탈을 반복하면서 주가는 횡보 구간에 접어들었다. 약 1개월간 횡보한 후 주가는 미국의 소부장(소재·부품·장비) 투자에 대한 기대감으로 52주 신고가를 경신하며 6월 26일 10% 가까이 상승하는 모습을 보였다.

두산테스나(131970) 연간 실적

(억 원)

구분	2020	2021	2022	2023(E)	2024(E)	CAGR
매출액	1,325	2,076	2,777	3,235	4,009	32%
영업이익	306	541	672	624	879	30%
당기순이익	372	472	523	506	730	18%
영업이익률	23%	26%	24%	19%	22%	-1%

반도체 섹터는 2022년 안 좋은 상황이었지만 동사는 매출액, 영업이익, 순이익까지도 성장하는 모습을 보여주었다. 2023년에는 영업이익과 순이익이 소폭 역성장할 것으로 보이지만 비메모리 반도체는 결국 계속 성장할 수밖에 없는 영역이다 보니 앞으로 보여줄 실적에 대한 기대감이 결국 2년 이동평균선 부근에서 횡보하던 주가를 다시 강하게 끌어올린 것으로 판단된다.

두산테스나(131970) 재무안정성

(%)

	2019	2020	2021	2022	2023년 1분기
부채비율	109.8	103.8	103.3	147.6	137.2
유보율	3,995.9	2,529.5	2,981.3	3,536.5	3,576.1
유동비율	223	41.5	49.4	39.2	38.1

다만, 재무안정성 지표는 크게 흔들리는 모습이다. 부채비율은 2022년 약 50% 증가한 140% 후반대까지 올라온 상태이고 2023년 1분기 기준 소폭 낮아졌지만 100%를 초과하고 있어 경계할 필요가 있다. 유동비율도 2019년 이후 전혀 회복되지 못한 상황이다. 두산그룹에 편입되는 부분도 있었고 대규

모 유형자산(장비)을 회사 자금으로 조달하는 과정에서 일시적으로 나빠졌을 뿐으로 보인다.

또한, 주주에게 손 벌리는 전환사채, 유상증자, 신주인수권부사채 발행을 많이 하지 않았고 2023년 1분기 기준으로 주식으로 아직 전환되지 않은 사채권은 약 15% 수준이다. 게다가 대규모 투자가 수반되어야 하는 반도체 산업이다 보니 불가피하게 투자가 계속될 수밖에 없어 앞으로 안정성 지표가 개선될지 면밀히 모니터링할 필요가 있다.

 성장하는 기업 알고 가기

◆ **두산테스나(131970)**

동사는 2002년 반도체 제조 관련 테스트 및 엔지니어링 서비스를 주요 사업 목적으로 설립되어 현재 반도체 테스트 사업을 진행하고 있음. 주요 사업은 웨이퍼 테스트 및 패키징 테스트 총 2회 테스트 서비스를 모두 제공하고 있으며 웨이퍼 테스트 매출 비중이 대부분을 차지함. 매출 구성은 Wafer Test가 약 95%, PKG Test가 약 5%로 이루어져 있음(출처: 에프앤가이드).

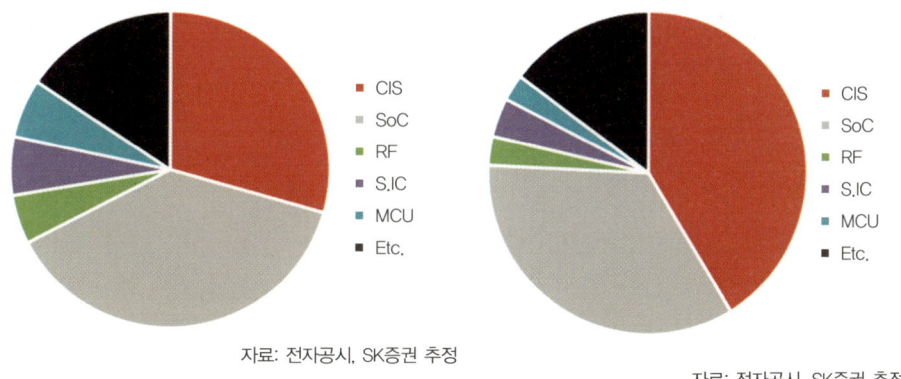

- 갤럭시S 23 출시에 따른 2022년 4분기 성수기 진입
- 고화소 카메라 탑재에 따른 테스트 시간 증가 수혜

CIS(이미지 센서)
- 2022년 2~3분기 스마트폰 업계의 전반적인 재고 조정과 판매량 역성장으로 부진
- 2억 화소 카메라로 테스트 시간 40% 증대, 작년 2분기부터 테스트 품목 다변화 효과로 Non-Mobile향 매출도 점증 추세

47. YG PLUS

YG PLUS(037270) 일봉 차트(2023년 2~6월)

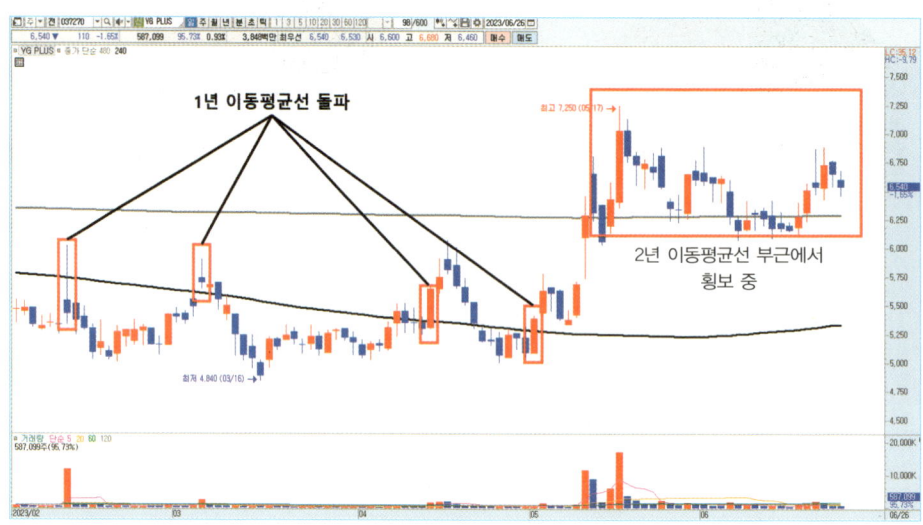

동사는 2023년 2월 이후부터 1년 이동평균선 상향돌파를 세 번이나 시도하고 네 번째 만인 2023년 1분기에 호실적을 발표하면서 주가는 2년 이동평균선까지 빠르게 돌파하고 추가 상승까지 했다. 5월 중순까지 시세를 분출한 후 2년 이동평균선 부근에서 횡보 중이다.

YG PLUS(037270) 분기 실적

(억 원)

구분	2022/03	2022/06	2022/09	2022/12	2023/03
매출액	269	325	365	442	555
영업이익	-1	17	17	31	53

2022년 분기 영업이익은 64억 원인데 2023년 1분기에 53억 원을 벌었다. 이는 2022년 한 해치의 약 83% 수준이다. 위드 코로나 정책 이후 일상으로 복귀하면서 아티스트의 오프라인 콘서트 횟수(Q)가 늘고 티켓 가격(P) 수요가 증가하면서 비싸졌다.

동사는 와이지엔터테인먼트의 계열사여서 블랙핑크 등 자사 아티스트의 MD, 광고 에이전시 대행을 하고 있으며 네이버와 VIBE 음악 플랫폼 앱의 음원 유통과 운영 대행을 하고 있다. 또한, 하이브와 위버스를 운영하고 있어 와이지엔터테인먼트 소속 아티스트뿐만 아니라 하이브 아티스트의 효과까지 누릴 수 있는 매우 매력적인 기업으로 볼 수 있다.

 성장하는 기업 알고 가기

◆ **YG PLUS(037270)**

동사는 음반·음원 유통과 음악 서비스, MD 제조·유통, 광고대행 사업을 영위하기 위해 1996년 11월 설립됨. YG엔터테인먼트 등 소속 아티스트의 음반·음원 유통사업과 음악 플랫폼 운영대행 사업, 아티스트 MD·캐릭터 제작·판매사업, 광고대행 사업 등을 전개하고 있음. 종속회사로는 YG인베스트먼트(투자) 등이 있음(출처: 에프앤가이드).

YG PLUS(037270) 재무안정성

(%)

	2019	2020	2021	2022	2023년 1분기
부채비율	40.2	45	53.1	51.4	77.2
유보율	210.2	193.9	316.7	340.9	368.8
유동비율	204	165	191	226.4	193.2

- 부채비율: 점점 증가하고 있지만 100% 이하로 양호한 수준이다.
- 유보율: 2020년 이후 현금성 자산이 늘면서 유보율도 높아지는 추세다.
- 유동비율: 200% 수준을 유지 중으로 견조한 모습이다.

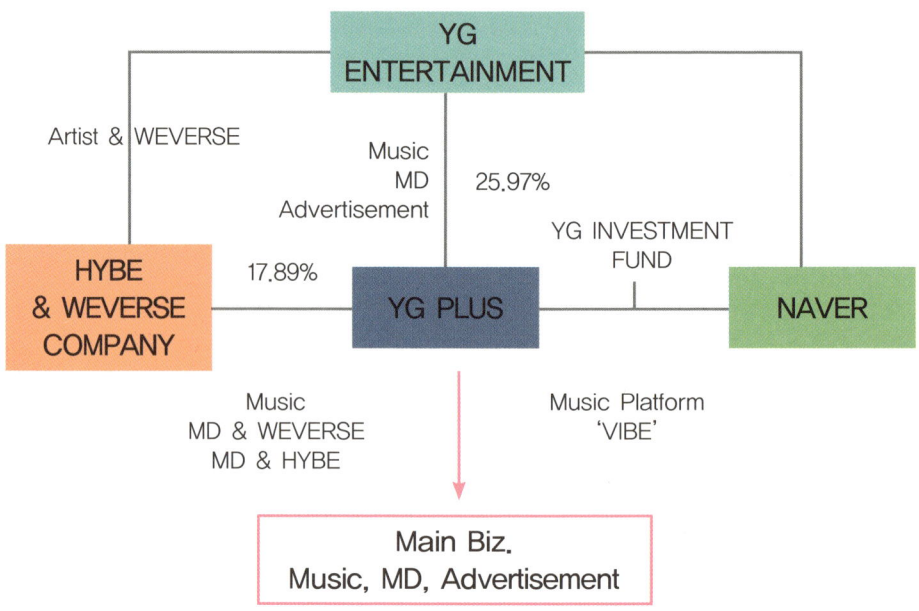

자료: YG PLUS, 리딩투자증권 리서치센터

- 하이브 국내 음원·음반 투자 유통 담당
- 네이버 VIBE 음원 콘텐츠 공급·서비스 운영 대행

주요 MD 품목

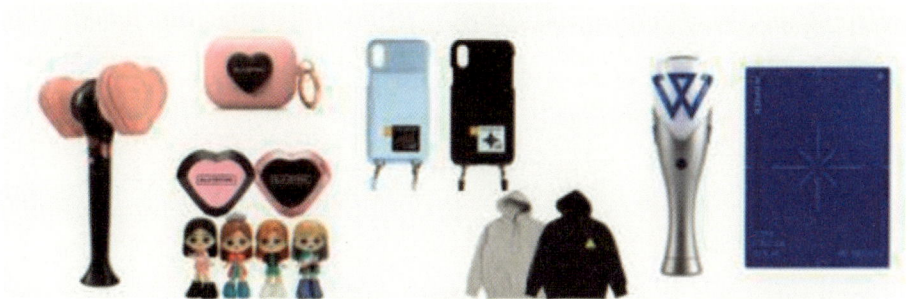

자료: YG PLUS, 리딩투자증권 리서치센터

블랙핑크 완전체

자료: YG PLUS, 리딩투자증권 리서치센터

- YG 엔터테인먼트 MD사업(생산 · 유통 · 라이선스 사업)
- 글로벌 아티스트인 블랙핑크의 월드투어 효과 기대감

48. 동화약품

동화약품(000020) 일봉 차트(2023년 4~6월)

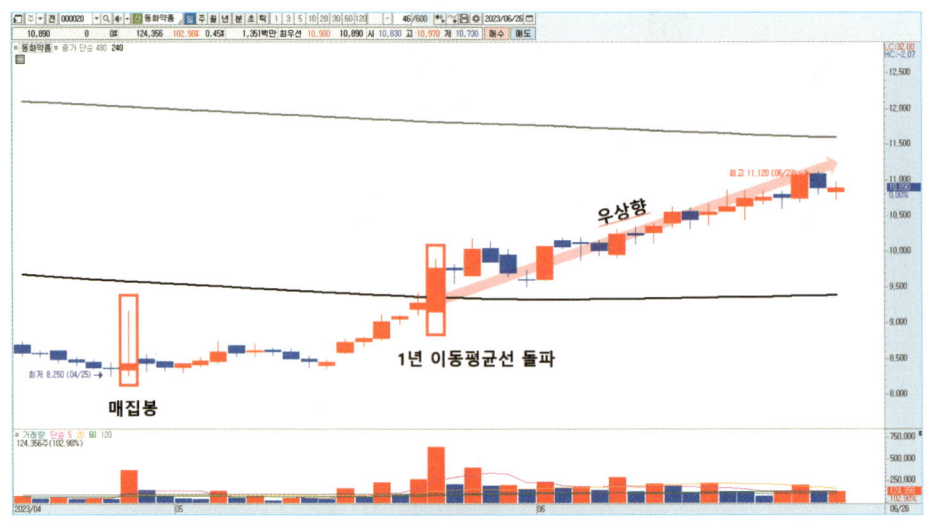

2023년 4월 26일, 1년 이동평균선 밑에서 역망치형 캔들인 매집봉이 출현했다. 거래량은 전일 대비 998% 많았고 캔들 몸통도 작아 매수 자리라는 힌트를 주었다. 2023년 5월 23일, 거래량이 다시 실리면서 1년 이동평균선을 강하게 돌파했고 그 뒤로 주가는 2년 이동평균선을 향해 계속 상승 중이다. 소아과 진료가 부족해 해열제, 감기약 등의 수요가 많아질 수밖에 없었고 지수변동성은 컸지만 동화약품 주가는 큰 흔들림 없이 상승세를 계속 만들어가고 있고 2년 이동평균선 부근까지 올라온 상태다.

동화약품(000020) 연간 실적

(억 원)

구분	2019/12	2020/12	2021/12	2022/12	2023/03
매출액	3,072	2,721	2,930	3,404	994
영업이익	96	232	225	299	122

- 경쟁사가 감기약 제품 가격을 인상한 것에 비해 동사는 인상 없이도 2023년 1분기 호실적 달성

- 최근 소아과가 부족한 상황에서 경쟁사의 해열제가 판매중지 처분을 받으면서 시장점유율 증가 기대

동화약품(000020) 2023년 1분기 보고서

매출유형	품목		제95기 1분기	제94기	제93기
	활명수류	수출	432	1,054	929
		내수	21,965	76,370	72,586
		합계	22,397	77,424	73,515
	후시딘류	수출	–	–	–
		내수	6,177	22,451	20,415
		합계	6,177	22,451	20,415
	판콜류	수출	–	21	–
		내수	14,696	50,754	34,174
		합계	14,696	50,775	34,174
	잇치류	수출	10	117	48
		내수	11,534	27,819	24,739
		합계	11,544	27,936	24,787

- 마스크 의무 착용, 사회적 거리두기 등의 방역조치가 해제되면서 감기 증상 완화제(감기약) 매출 증가세
- 외부활동 증가로 활명수·치약류 품목도 동반 성장세

동화약품(000020) 재무안정성

(%)

	2019	2020	2021	2022	2023년 1분기
부채비율	25.6	26.6	24.3	21.80	23.3
유보율	982	1,095	1,149.1	1,211.7	1,239.8
유동비율	422.6	330	331.3	301.1	288

- 부채비율: 최근 5년간 30%를 넘지 않을 정도로 낮은 상태이며 사실상 무차입 경영 중이다. 특히 금리 인상기에 금융기관으로부터 자금을 조달하면 높은 이자 비용을 지불해야 하며 변동금리인 기존 대출도 금리가 높아져 수익성이 악화될 우려가 있지만 동사는 매우 양호한 상태를 유지하고 있다.
- 유보율: 큰 폭의 성장은 없었지만 1,000%대를 잘 유지하고 있다.
- 유동비율: 실적 성장이 정체되다 보니 계속 하향세이지만 2023년 1분기 기준 288%로 매우 높은 수준을 계속 유지하고 있다.

 성장하는 기업 알고 가기

◆ **동화약품**(000020)

동사는 의약품, 원료 의약품, 의약 외품, 의료용구의 제조·매매 및 건강기능식품, 건강식품 제조·매매를 영위하고 있음. 가스 활명수 큐를 중심으로 광범위한 고정 수요층을 확보해 액체 소화제의 선두주자 위치를 유지하고 있으며 후시딘 연고, 판콜, 잇치 등 일반 대중의 인지도가 높은 주력 제품이 양호한 시장 지위를 유지 중임. 2020년 9월 24일, 의료기기 사업을 영위하는 메디쎄이를 종속회사로 편입해 신규 영업 부문으로 관리하고 있음(출처: 에프앤가이드).

49. 에이텍모빌리티

에이텍모빌리티(224110) 일봉 차트(2023년 4~6월)

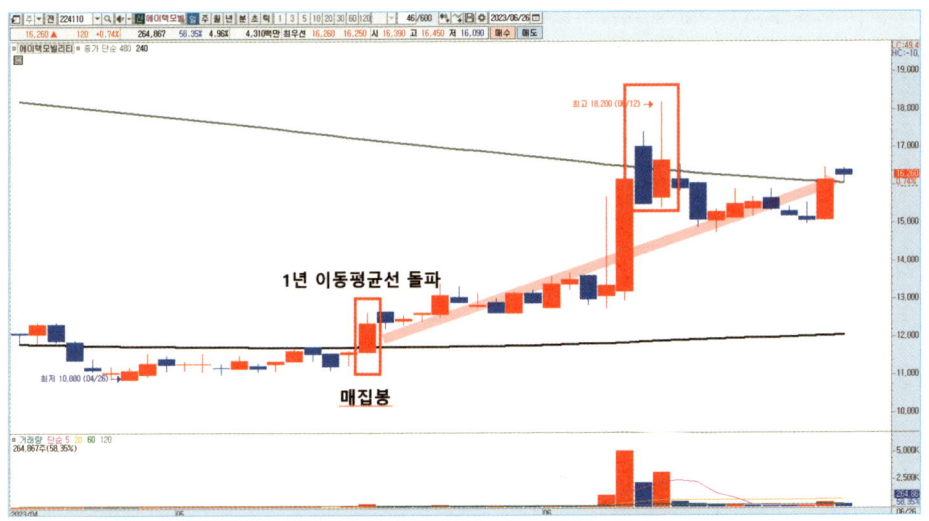

　2023년 5월 17일, 1년 이동평균선을 캔들이 상향돌파했다. 전일 대비 거래량은 553%였으며 매집봉이었다. 그 뒤로 매집봉이 종가를 크게 이탈하지 않으면서 완만히 우상향하는 주가 흐름이었다.

　2023년 6월 7일 고가 기준으로 주가는 20% 상승했다가 밀리면서 역망치형 캔들인 매집봉이 다시 출현했고 거래량은 전일 대비 1,579%였다. 바로 다음 날 주가는 고가 기준으로 25% 상승했으며 거래량은 전일 대비 466%였다. 그러고 나서 주가는 6월 12일, 18,200원을 찍고 2년 이동평균선 부근에서 횡보하다가 6월 26일, 2년 이동평균선 위에 안착했다.

에이텍모빌리티(224110) 분기 실적

(억 원)

구분	2022/03	2022/06	2022/09	2022/12	2023/03
매출액	264	343	377	522	388
영업이익	8	48	8	2	55

동사의 2022년 연간 영업이익은 65억 원이었다. 하지만 2023년 1분기 55억 원의 실적을 올리면서 2022년 한 해치의 약 85%를 한 분기 만에 달성하는 폭발적인 실적 성장을 보였다. 다만, 동사는 연간 실적에 등락이 있어 일정 부분 경계심을 가질 필요도 있다. 하지만 그렇다고 실적이 좋은 기업을 배제하는 것은 수익 기회를 잃는 것이므로 1년 이동평균선을 돌파할 때부터 2년 이동평균선까지 충분히 좋은 수익을 안겨주었을 실적 성장주라고 할 수 있다.

에이텍모빌리티(224110) 재무안정성

(%)

	2019	2020	2021	2022	2023년 1분기
부채비율	53.7	37	34	67.9	66.6
유보율	1,748.7	1,786.5	1,796.4	2,007.2	2,061.4
유동비율	175.8	217.3	236.2	136.9	145.3

- 부채비율: 2020~2021년 대비 높아졌지만 66.6%는 매우 양호한 수치다.
- 유보율: 2019~2021년 1,700%대에서 2,000%대까지 높아졌다.
- 유동비율: 2021년 대비 하락했지만 145%로 높은 수준을 유지 중이다.

◆ **에이텍모빌리티**(224110)

동사와 연결회사는 RFID 기반의 스마트카드 교통요금 결제 단말기 제조·공급·유지·보수를 전문으로 함. 주요 생산 품목으로는 교통카드 판매 및 충전기, 일회용 발매 및 충전기, 버스운전자 단말기, 버스 승·하차 단말기, 고속버스 단말기, 택시 결제 단말기 등이 있음. 티머니가 국내에 설치한 모든 버스, 택시 충전 단말기 유지·보수사업자임. 에이텍에이피, 에이텍오토 등을 연결 대상 종속회사로 보유했음(출처: 에프앤가이드).